생존의 비밀

the Secret

KB210187

_____ 님께 드립니다.

생존의 비밀

지은이   안경전
발행일   단기 4342(2009)년 9월 29일 초판 1쇄
　　　　 단기 4342(2009)년 11월 22일 개정판 1쇄
　　　　 단기 4350(2017)년 8월 15일 개정판 60쇄
　　　　 단기 4353(2020)년 4월 30일 개정판 84쇄
발행인   안중건
발행처   상생출판
주　소   대전시 중구 선화서로 29번길 36(선화동)
전　화   070-8644-3156
팩　스   0303-0799-1735
홈페이지 www.sangsaengbooks.co.kr
출판등록 2005년 3월 11일(175호)

ISBN 978-89-94295-13-8 03200

생존의
비밀
the Secret

저 자 안 경 전

상생출판

들어가는 말

　2019년 말 중국 우한, 신종 코로나 바이러스가 인류를 공격하기 시작했다. 중국 내 여러 도시가 봉쇄되고, 세계 각국은 중국 발 항공을 차단했다. 그러나 코로나 바이러스는 중국을 벗어나 전 세계로 확산되었고 인류를 공포로 몰아넣었다.

　스페인독감 이후로 한 번도 경험하지 못한 사태에 인류 문명은 취약한 모습을 보였다. 세계 곳곳에서 학교, 공연, 축제 등 사람이 많이 모이는 것은 중단되었다. 코로나 유행이 심한 나라는 전 국민 이동을 통제하고, 군인이 나와서 마을 간 경계를 차단하기도 했다. 경제도 숨통이 막혀 수많은 사람이 실직되고 고통을 받았다. 코로나는 인류 문화 전 영역에 충격을 주었고, 아물기 힘든 상처를 남겼다. 첨단을 자랑하는 인류 문명이 눈에 보이지 않는 미세한 바이러스에 허무하게 당한 것이다.

　그런데 이 코로나바이러스감염증-19(COVID-19)는 앞으로 닥쳐 올 더 큰 전염병과 비교하면 소병小病에 불과하다.

코로나는 앞으로 지구촌이 병란病亂 시대로 본격 진입한다는 신호탄이다. '인간은 바이러스의 변종을 따라잡을 수 없다. 앞으로 더욱 강력하고 치명적인 전염병이 반드시 창궐한다.' 의학전문가들은 오래전부터 이러한 최악의 시나리오를 경고하고 있다.

인간은 누구나 꿈과 희망을 안고 살아간다. 그런데 갑자기 찾아오는 사고와 재난, 질병으로 사랑하는 가족을 잃게 되면, 우리의 평온한 일상은 무너지고 가정의 기반이 송두리째 흔들려 버린다. 그리고 '인생이란 무엇인가? 나는 과연 무엇을 위해 살아온 것인가?'라는 물음을 던지며 삶에 대한 깊은 회의를 품고 한없는 충격과 회한에 빠지게 된다.

돌이켜보면 인류는 지나온 역사 속에서 끊임없는 질병 재난의 공격을 받으며 무수히 많은 희생을 치렀다. 그러나 그때마다 더욱 강인한 의지와 지혜로 삶의 지평에 새 희망의 태양을 띄우며 한층 건강하고 밝은 세상을 만들어 왔다.

그런데 첨단 과학 문명 시대인 오늘날에도 우리는 인생의 모든 것을 한순간에 파괴하는 치명적인 질병들의 공격을 받고 있다. 게다가 지금은 이전과는 달리 생태계 파괴 때문에 우리 삶의 터전인 자연 환경까지도 심각하게 병이 들었다. 그리하여 앞으로 지난날의 병들과는 차원이 전혀 다른 더 큰 병이 지구촌을 엄습할 것이라는 위기감이 높아지고 있으며, 역사의 대세는 장차 일어날 엄청난 인류의 희생에 대해 크게 깨어져서 각성하도록 우리의 의식을 몰아가고 있다.

전문가들의 예측대로라면, 머지않아 지구에 큰 병란이 닥쳐와 정치, 경제, 종교 등 모든 삶의 영역이 송두리째 무너진다. 반드시 그에 대해 바르게 알아야 진정한 인생 성공을 이루고, 모르면 자연 속에서 영원히 도태되고 말 것이다.

그렇다면 앞으로 올 병의 정체는 과연 무엇이며, 그것을 극복하는 길은 어디에 있는가? 바로 이 물음에 대한 해답이 오늘을 사는 인생의 진정한 성공 비밀, 시크릿인 것이다.

"뛰어난 의원은 병자가 죽고 사는 것을 안다"는 말이 있다.

예로부터 질병은 인간이 생명 질서에서 벗어남으로써 생기는 것이라 했다. 질병은 곧 우주의 변화 법칙과 직접 연관이 있는 것이다. 따라서 인류에게 닥치는 병의 정체를 안다는 것은 병자의 생사를 넘어 자연 법칙을 주관하시는 우주 통치자의 마음을 읽는 것이다.

전문가들이 머지않아 매우 강력한 큰 병이 인류를 공격할 것이라고 경고하는 이때, 필자는 인류 문명사에서 처음으로 그 병의 실체가 무엇인지 구체적인 내용을 밝히고, 그것을 대비하고 극복할 수 있는 '지혜와 생명의 길'을 전하고자 한다. 동서양 성인과 철인과 영지자들과 현대 의학 전문가들이 인류에게 전한 모든 메시지를 점검하면서 '다가오는 병의 정체'를 밝히려는 것이다.

그러므로 독자들 모두가 이 책의 내용을 단순한 흥밋거리가 아닌, 바로 자신의 행복과 건강, 미래의 모든 꿈을 성취하는 진정한 성공의 열쇠로 인식하고, 본서에서 전해 주고자 하는 메시지를 냉철하고 분명하게 보았으면 하는 것이 필자의 희망이다.

아무쪼록 이 책을 읽는 모든 사람이 '생존 법방'을 전수받아 최후의 성공자가 되기를 바란다.

경자庚子(2020)년 4월 20일

安 耕 田

•목 차•

들어가는 말

 더 큰 병란이 몰려온다

1. 세계의 공포, 전염병 대유행 *13*

2. 인류 문명사를 바꾼 전염병 *33*

3. 다가오는 질병대란 소식 *53*

 대병란은 왜 오는가

1. 인간 고통의 근원은 *83*

2. 병은 천지에서 온다 *110*

3. 병든 천지를 고쳐 주시는 '한 분'의 강세 *141*

대병란을 넘어 생존의 길로

1. 전쟁과 질병대란이 함께 온다 *201*

2. 생존의 길 *231*

3. 밝아오는 지상낙원 *261*

본서의 주요 술어 *280*

the *Secret* **1**

더 큰
병란이 몰려온다

1. 세계의 공포, 전염병 대유행
2. 인류 문명사를 바꾼 전염병
3. 다가오는 질병대란 소식

역사에는
전염병의 대란이 주기적으로 있어 왔다.

수많은 사람의 생사가 엇갈리고
살아남은 사람들은
그 토대 위에 새로운 문명을 열었다.

머지않아
인류가 지금 앓고 있는 질병을 넘어
이름도 원인도 전혀 알 수 없는
새로운 차원의 질병대란이 몰려온다.

그 병란의 정체는 과연 무엇일까?

세계의 공포,
전염병 대유행

인간은 누구나 꿈을 가지고 행복을 추구하며 오래 살기를 바란다. 하지만 생로병사라는 자연의 섭리에서 벗어날 수 있는 사람은 아무도 없다. 마치 여름철에 싱싱하게 푸르름을 자랑하던 나뭇잎이 가을이 되면 누렇게 변하여 허망하게 말라 떨어지듯이, 인간 또한 꿈 많고 생기발랄한 청년기를 넘어 노년기가 되면 몸과 마음이 쇠하여 좌절과 회한을 남긴 채 생을 마감한다.

오래 전에 만난 80대 의사 한 분이 깊은 한숨을 내쉬며 필자에게 이런 말을 했던 것이 기억난다.

"자네도 한번 늙어 봐. 늙은이의 심정은 아무도 몰라요. 하~!"

주름진 그의 얼굴에는 인생의 경륜, 지혜와 더불어 고독과 허망함이 짙게 깃들어 있었다. 삶을 마무리 지어야 하는 인생의 황혼녘이 되어 몸이 쭈그러지고 마음이 위축되면 산다는 것이 과연 무엇인지, 그동안 무엇을 위해 살아온 것인지, 지나간 날들이 허무하게 느껴지고 새삼 생명에 대해 강한 애착을 갖게 되는 것이다.

그런데 죽음의 문제는 비단 노인에게만 닥치는 것이 아니다. 평소에 건강하던 젊은이가 갑작스런 질병으로 희생되는 경우가 어디 한둘인가. 또 인간이 아무리 건강한 체질을 갖고 태어났을지라도, 인류 문명사에 찾아오는 크고 작은 병란을 완전히 피해 갈 수는 없다. 게다가 현대 문명은 날이 갈수록 더욱 강력한 질병을 만들어 내고 있다.

필자는 최근, 머지않은 장래에 또 다른 변종 바이러스가 창궐하여 최악의 시나리오가 현실화될 수도 있다는 전문가들의 경고를 들으면서, 또 국가 재난 상황으로까지 선포된 신종플루 사태를 지켜보면서, 이것이 먼 나라의 이야기만이 아님을 절감하였다. 그리고 다가오는 문명의 위기와 질병 문제에 대해 심각하게 고민하게 되었다.

전염병의 역습

2009년 4월, 멕시코와 미국에서 갑자기 발발한 신종플루는 역사상 가장 빠른 속도로 확산되어 두 달 만에 대유행[pandemic]으로 선포되었다. 신종플루는 인류 문명사에서 주기적으로 찾아온 인플루엔자의 변종이다.

신종플루는 온갖 추측을 불러일으키며 지구촌 전역으로 퍼져서 인류를 불안에 빠뜨렸고, 미처 백신을 확보하지 못했던 여러 나라 정부는 한동안 늑장 대응이라는 비난을 받아야 했다. 과거 스페인독감의 악몽이 되살아나는 게 아닌가 하는 우려 속에 늦가을로 접어든 10월 24일, 미국은 감염자 수백만 명에 사망자가 천 명이 넘어서자 급기야 국가 비상사태를 선포했고, 12월에는 감염자 5천만 명에 사망자가 1만 명을 넘어섰다. 전 세계적으로 치사율은 0.01퍼센트 밖에 안 되지만, 제때에 치료를 받지 못해 합병증이 오면 치명적이기 때문에 경계를 늦출 수가 없었던 것이다.

예고된 전염병 대유행

의학이 고도로 발달한 21세기에도 바이러스는 끊임없이 변이를 하며 인간의 삶 속에 파고들고 있다. 국내외 전문가들은 전염병 대유행이 주기적으로 찾아오며, 지구촌은 **이미 그 주기에 들어서 있다**는 사실을 여러 차례 경고했다.

2002년 11월, 중국 광동성에서 사스SARS(중증 급성 호흡기 증후군)가 발생했다. 처음에 중국은 자국의 경제 이익 때문에 발병 상황을 숨겼다. 그러다가 이듬해 2월 말, 홍콩에서 발병하여 불과 며칠 만에 전 세계로 퍼져 나가고, 4월에 북경에서 환자가 급증하자 공식적으로 발표를 하기에 이르렀다. 이후 사스는 30여 개 나라로 퍼져 8,400여 명이 감염되고 그 중 916명이 사망하였다.

그때 전문가들은 입을 모아 '사스는 다만 리허설일 뿐', 장차 이름 모를 괴질怪疾(누구도 그 원인을 알 수 없는 괴이한 병)이 더욱 확산될 것이라고 경고했다. 대한민국 질병관리본부 권준욱 방역과장도 **"앞으로 훨씬 강력한 파괴력을 가진 전염병이 닥쳐올 때** 어떻게 대응해야 할지 고민입니다"라고 하면서, "앞으로 한두 개가 아닌 원인 모를 전염병들을 '괴질Ⅰ, 괴질Ⅱ …'로 이름 지을 수도 없고"라며 괴로운 심정을 토로하였다.

20세기 이후 치명적인 전염병 사례

시기	질병명	바이러스 유형	사망자수	WHO경보단계 (1~6)
1918년	스페인독감	H1N1	5,000만 명 이상	–
1957년	아시아독감	H2N2	100~200만 명	–
1968년	홍콩독감	H3N2	100만 명	–
2002~03년	사스	코로나 바이러스	900여 명	3단계
2003~09년	조류독감	H5N1	270여 명	3단계
2009년~	신종플루	H1N1	1만 명	6단계(팬데믹)
2012년~15년	메르스	코로나바이러스	870여 명	
2019년~20년	코로나 19	코로나바이러스	수십 만명	팬데믹

사스가 진정될 즈음인 2003년 말에는 치사율 60퍼센트에 이르는 치명적인 조류 인플루엔자H5N1(조류독감)가 발생하였다. 이 조류 인플루엔자는 발생 이후 동남아시아를 중심으로 변종에 변종을 거듭하여 간혹 인간 사이에 감염을 일으키기도 했지만 다행히 크게 확산되지는 않았다. (발생 후 6년간 약 270여 명 사망)

당시 세계보건기구 사무총장 고 이종욱 박사는 "이 세계가 직면한 가장 심각한 건강 위협은 조류 인플루엔자다. 지금도 바이러스의 변종이 무섭게 이루어지고 있다. 조류 인플루엔자 바이러스가 공기를 통해 인간에서 인간으로 전염되는 변종이 되는 것은 오직 시간 문제일 뿐이다"라고 경고하면서, **"대유행은 필연적이고 불가피하다"**고 하였다. 그리고 변종이 출현하여 대유행으로 확산될 경우 1억 명 이상이 사망할지도 모른다며, 철저한 대비책을 마련할 것을 강력하게 호소하였다.

스페인독감의 악몽

전문가들이 우려했던 대로 2009년에 괴질이 발생하였다. 신종플루라고 이름 붙여진 이 변종 바이러스는 돼지, 인간, 조류에 기생하는 인플루엔자 바이러스가 돼지의 몸에서 유전적으로 뒤섞여 만들어진 것이다. 그런데 전문가들이 신종플루에 대해 긴장을 늦추지 못했던 까닭은 이 신종플루가 지난 20세기 초, 최단기간 동안 엄청난 죽음을 몰고 와 전 세계를 경악케 했던 스페인독감과 같은 유형[H1N1]이었기 때문이다.

사실 스페인독감이 맨 처음 어디서 왔는지, 어떻게 해서 치명적인 바이러스로 발전했는지, 아직까지도 정확하게 밝혀지지 않았다. 1914년에 발발한 제1차 세계대전이 전 유럽을 휩쓸던 1918년 초, 프랑스 국경과 닿아 있는 스페인 북부 해안 마을, 산세바스티안에 독감이 찾아왔다. 전염 경로는 분명치 않지만 독감은 거의 동시에 군인들에게로 옮겨졌다. 그리고 3월이 되자 독감은 유럽으로 이동하는 미군부대에 도착하였고, 프랑스에 주둔한 미군 병사들이 독감으로 앓아눕기 시작했다. 이후 스페인에서는 국왕을 비롯하여 800만 명이 독감에 걸렸으며 영국 등 유럽여러 나라와 미국, 중국과 일본 등 아시아 국가에까지도 병이 확산되었다. 그때 사람들은 이 독감을 '3일 열병'이라 불렀다. 사나흘 정도 열이 펄펄 끓고 얼굴이 붉게 변하며 온몸의 뼈가 욱신거리고 머리가 부서질 듯 아프다가 땀을 흠뻑 흘리고 나면 가라앉았기 때문이다. 전염성은 매우 강했지만 여느 독감과 크게 다를 바가 없는 것처럼 보였다.

그러다 어느 샌가 모습을 감추었는데 이해 8월, 초가을로 접어들자마자 바이러스가 변이를 일으켜 다시 나타났다. 이때는 이미 일반적으로 생각하는 독감과 닮은 점이 거의 없는 괴물로 변해 있었다. 다시 등장한 스페인독감은 마치 복수의 화신처럼 인도, 동남아, 일본, 중국, 카리브해의 상당 부분, 미국, 중남미 등지에서 대규모 사망자를 냈다. 그 치사율이 일반 독감의 250배가 넘었다. 인류는 이제껏 듣지도 보지도 못한 새 바이러스의 공격에 너무도 무력하게 쓰러졌다.

일찍이 다른 어떤 전염병이나 전쟁, 기아도 이렇게 짧은 기간 동안 그토록 많은 사람을 죽인 예는 없었다. 스페인독감은 20세기에 창궐한 각종 전염병들이 명함을 내밀

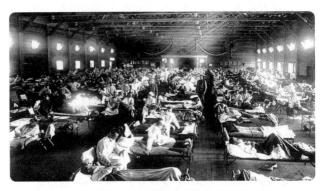

1918년 미국 캔사스 주에 임시로 마련된 스페인독감 병동

기도 어려울 정도로 참혹한 영향을 끼쳤다. 말 그대로 아비규환, 가정은 파괴되고 아이들은 고아가 되었다. 독감에서 살아남은 사람들은 얼마나 끔찍했는지, 그 이야기를 입에 담는 것조차 꺼려했다. 스페인독감에 감염된 사람은 전 세계 인구(18억 명)의 30퍼센트 정도이고, 사망자는 대략 5천만에서 1억 명이었다.(인도에서만 2천만 명이 사망하였다) 1차 세계대전에서 전쟁으로 죽은 사람 수보다 10배나 많은 사람들이 독감으로 목숨을 잃은 것이다.

1918년 9월, 미군 기지에 근무하던 한 의사의 편지 내용을 통해서 우리는 당시의 참상을 짐작해 볼 수 있다.

데번스 기지는 약 5만 명의 병사를 수용하고 있었네. 독감은 4주 전에 기지에 들어왔네. 어찌나 빨리 퍼지는지 병사들의 사기가 엉망이 되고 독감 때문에 정규 훈련이 금지되었네. 병원으로 실려 온 병사들의 증세는 빠르게 폐렴으로 발전했는데, 그렇게 심한 폐렴은 한 번도 본 적이 없네. 폐렴 소견을 낸 2시간 뒤면 벌써 광대뼈 부위에 적갈색 반점이 보이고 몇 시간 후에는 귀에서부터 온 얼굴에 청색증이 나타나 백인과 흑인을 구분하기 어려울 정도였네. 죽음은 단 몇 시간 만에 찾아오네. 환자들은 숨을 헐떡거리다가 숨이 막혀 질식해 버린다네. 불쌍한 병사들이 파리처럼 죽어 나가는 것은 눈 뜨고 보지 못할 참상이야. 하루 평

균 백 명이 죽어 나가는데도 질병의 기세는 꺾일 줄
을 모른다네.[*]

스페인독감은 군대의 전투력을 무력화시켰으며, 이 때
문에 미국의 윌슨 대통령도 서둘러 전쟁을 종결시키고자
했다. 스페인독감이 다시 대규모로 창궐한 지 2~3개월
후인 1918년 11월 11일, 제1차 세계대전은 막을 내렸다.
전염병이 전쟁의 종결에 직접적인 영향을 끼친 것이다.
전쟁으로 피폐해져 있을 때 찾아와 전 세계를 휩쓸던 스
페인독감은 신기하게도 전쟁이 끝난 뒤 차츰 자취를 감추
었다.

한반도를 휩쓴 스페인독감

당시 일제 치하에 있었던 한반도도 대유행의 재앙을 피
할 수 없었다. 스페인독감은 1918년 9월, 러시아에서 시
베리아 철도를 타고 와서 한반도를 덮쳤다.

1918년 11월 11일 자 〈매일신보〉에 따르면, 각급 학교는
일제히 휴교하고 회사는 휴업했으며, 농촌에서는 들녘의
익은 벼를 거두지 못할 정도로 상여 행렬이 끊이질 않았
다고 한다. 조선 팔도의 민심이 흉흉했다. 그리고 지방 우

---

[*] 지나 콜라타 지음, 안정희 옮김, 『독감』, 사이언스북스, 2003, 재인용.

체국 여러 곳에서 직원이 전멸하였
다는 보도도 있었다.

> 악성 감기의 창궐로 인하여 … 지
> 방 우편국 중 국원이 전멸되어 다
> 른 곳에서 응원자를 파견케 하는
> 곳은 평남 개천군 우편국, 충남
> 아산 우편국, 인천 전화계, 김천
> 우편국으로 거의 전멸이 된 곳은
> 풍산, 갑산, 박천, 용암포, 공주,
> 삼수의 각 우편국이다. 《매일신보》
> 1918. 11. 14)

조선총독부 통계연감에는 1918년
당시 조선 인구 1,759만 가운데 약
42퍼센트인 740만 명이 스페인독
감에 걸렸고, 이 중 **14만 명**이 사망
했다는 기록이 있다. 인구 비율로
보면 126명 당 1명꼴로 죽은 셈이
다. 그때 상해에 있던 백범 김구 선
생도 스페인독감에 걸려 20일 동안
고생했다는 내용이 『백범일지』에
기록되어 있다.

조선 후기의 역병과 사망자

광해군 5년(1613)
이때부터 매년 전염병
이 일어났고 수구문 밖
에 시체가 서로 겹칠
정도였다.

현종 12년(1671)
전염병과 기근으로 10
만 명 사망.

숙종 21~22년 (1695~1696)
'을병대기근'과 역병
으로 141만 명 사망

영조 6년(1730)
한양 5부의 사망자가
거의 1만 명.

영조 25년(1749)
전염병 사망자 50~60
만 명.

영조 51년(1775)
홍역으로 당시 인구
800만 중 23만 명 사
망.

고종 32년(1895)
중앙과 지방에 호열자
(콜레라)가 크게 성하
여 소독규칙과 예방 및
소독 집행 규정 공포.
(『조선왕조실록』)

대유행은 이제 시작일 뿐

그런데 특이하게도 사람들 사이에 스페인독감이 돌던 1918년 가을, 미국 중서부 지역에서 돼지 수백만 마리가 갑자기 호흡기 감염 증세를 보이면서 하룻밤 사이에 수천 마리씩 죽어 나갔다. 돼지들이 콧물을 흘리고 열이 나는 등, 그 증세가 인간의 독감과 비슷했다. 이후 수십 년 동안 스페인독감 바이러스를 연구한 의학자들은 스페인독감이 돼지독감과 연관이 있음을 밝혀냈다. 그리고 '아마도 사람들이 돼지에게 독감을 전염시킨 것 같으며, 독감 바이러스가 돼지 몸 속에 들어가서 휴면 상태로 있다가 다시 인간을 공격할 날을 기다리고 있는지도 모른다'는 의견을 제시하였다.[※]

2009년에 발발한 신종플루가 스페인독감과 비슷한 점은, 사망 원인이 같다는 것이다. 스페인독감에 감염되자 건강하던 사람들이 폐렴으로 사망하였다. 신종플루 환자 역시 바이러스가 폐와 뇌 등에 깊숙이 침투하여 폐렴과 합병증으로 사망하였다. 그리고 스페인독감이 돌 때 돼지도 독감 증세를 보였듯이 2009년 10월, 미국 미네소타 주에 독감에 걸린 돼지가 나타났고 12월 초에는 한국에도

[※] 지나 콜라타 지음, 안정희 옮김, 『독감』, 사이언스북스, 2003, 재인용.

같은 일이 일어났다.

그런데 스페인독감 바이러스와 신종플루 바이러스가 같은 계통이긴 하지만, 똑같은 것은 아니라고 한다. 이재열 경북대 교수는 "1918년의 H1N1은 인간에게 치명적이었지만 2009년의 H1N1은 그렇지 않다. 비유하자면 그때는 살모사였고 지금은 그저 구렁이다. 그러나 이번에는 괜찮지만, 다음에는 어떨지 알 수 없다. 인플루엔자 바이러스의 진화 또는 변이가 심상치 않기 때문이다. 지금 그들은 인간에게 화가 단단히 나 있다"고 말했다.※

세계보건기구나 국내 의학계에서는 한결같이 신종플루가 사라진다 해도 훨씬 더 치명적인 전염병이 발생할 것이라 경고하였다. 신종플루 같은 것은, '머지않아 더 강력한 살인적인 바이러스가 오고 있으니 그에 대비해 철저히 준비하고 있으라'는 경고장이라는 것이다. 세계보건기구의 그레고리 하틀 대변인은 **"분명한 것은 앞으로 새로운 대유행 바이러스가 나타난다는 것"**※※이라 했다.

※ 〈한겨레21〉, 2009. 11. 6.
※※ SBS스페셜 〈최악의 시나리오〉 1부, 2009. 10. 19.

코로나19 바이러스의 대습격

전문가들의 경고대로 세계보건기구(WHO)는 2014년 소아마비와 서아프리카의 에볼라, 2016년 지카 바이러스, 2019년 콩고민주공화국의 에볼라까지 모두 5차례 글로벌 공중보건 비상사태(PHEIC)를 선포했다.

그러다 2020년 더욱 강력한 신종 전염병이 인류를 공격했다. 2019년 말 중국 후베이성 우한 지역에서 신종 코로나19 바이러스가 발생한 것이다. 사람 간에 전염되는 이 병은 미처 손도 써보지 못하고 주변도시와 국가로 퍼져나갔다. 초기 대응에 실패한 중국 지도부는 24시간 비상 전시 태세로 전염병을 막으려 했으나 통제 불능 상태가 되었다.

1월 23일 우한이 봉쇄되었고 발병이 확산됨에 따라 중국 전역의 주요 도시에 봉쇄령이 내려지게 되었다. 중국 정부가 전염병 때문에 대도시 전체를 봉쇄한 것은 사상 초유의 일이었다. 폐쇄된 도시들은 영화 〈나는 전설이다 (2007년 개봉)〉에서처럼 유령도시가 되어갔다.

환자는 폭증했다. 인력을 총동원하여 병원을 속도전으로 지어나갔고 체육관, 컨벤션 센터 등을 비우고 환자를 위한 침상을 채워나갔다. 스페인독감 때의 야전병원의 모습을 방불케 했다. 치료를 위한 시설이라기보다 환자를 격리하기 위한 시설에 가까웠다.

공식적인 사망자 수는 무의미했다. 우한시의 화장장은 24시간 돌려도 모자랐다. 더 이상은 화장터만으로 감당할 수 없어 40대의 이동식 소각차까지 투입되었다. 최악의 시나리오를 가정한 영화에서나 볼 수 있는 광경이 현실에서 일어났다.

세계보건기구(WHO)는 2020년 1월 30일(현지) 국제공중보건 비상사태(PHEIC)를 선포했다. 걷잡을 수 없는 감염 속도에 세계 각국은 비상이 걸렸다. 전 세계는 중국에서 춘절 연휴를 기해 빠져나오는 중국인들을 봉쇄하고 추적하고 격리했다. 그러나 바이러스는 이를 비웃기라도 하듯 전 세계로 퍼져나갔다. WHO는 비상사태 선언 이후 40일이 지나 팬데믹Pandemic을 선언했다.

이후 한 달도 안 되어서 코로나는 전 세계 모든 나라에 무섭게 확산되었다. 확진자는 불과 3개월 만에 100만 명을 돌파했다.

세계 각국은 감역 확산을 막기 위해 도시 봉쇄에 나섰다. 사람들은 공포에 휩싸여 '사재기panic buying'를 벌였고, 도시는 인적이 끊긴 유령도시로 변했다. 코로나를 막기 위해 다수의 나라들은 국경을 봉쇄하고 외국인 입국을 차단했고, 전 국민 이동제한까지 실행한 국가도 있었다.

인류가 한 번도 경험하지 못한 '블랙 스완Black Swan(도저히 일어날 것 같지 않은 사건)'이 일어나버렸다. 2020년 도쿄 올림픽이 연기되었고, 프로축구, 야구, 윔블던 테니스 등 스포츠 행사가 연기되거나 취소되었다. 사람이 많이 모이는 축제와 공연도 마찬가지였다. 초중고 대학교가 휴교했고, 개학을 늦출 수 없어 처음으로 온라인 수업이 도입되었다.

코로나19는 전 세계 경제를 얼어붙게 만들었다. 불황을 견디지 못해 파산하는 사업체가 속출했고, 대규모 실직이 일어났다. 이 위기는 금융시장 위기로 이어졌다. 전문가들은 20세기 초 세계대공황보다 더 큰 규모의 공황이 도래할 것으로 내다본다. 과거 역사에서 공황이 닥치면 대전쟁이 이어지는 패턴이 있었다. 전문가들은 코로나가 초래한 경제 위기가 또 하나의 큰 대전쟁을 촉발할 것을 우려한다.

치사율은 1%~ 10% 정도였지만 코로나가 사회, 경제에 미치는 영향은 100%에 가까웠다. 코로나는 사회 전 영역의 삶의 방식을 바꿔버렸다. 1918년 스페인 독감이후 인류는 최악의 감염병 사태를 겪었다. 안토니우 구테흐스 UN 사무총장은 "전 세계가 2차대전 이후 가장 큰 도전에 직면했다"라고 했다.

그러나 코로나가 끝이 아니다. 미국의 수의학자인 마크 제롬 월터스는 저서 『에코데믹』에서 "인류의 지구환경 및 자연의 순환과정 파괴가 신종 감염병 등장과 감염병 확산의 주범"이라고 지적했다. 신종 감염병이 계속해서 출현할 것이라는 얘기다.

만일 코로나19 바이러스보다 더 강하고 위급한 질병대란의 거센 파도가 어느 날 갑자기 닥쳐와 우리의 생명과 가정을 휩쓸어 버린다면 그것으로 상황은 끝이다. 우리가 아무리 원대한 꿈과 열정을 갖고 있다고 해도 모든 것이 한순간에 허망하게 무너지고 말 것이다.

지금 우리가 할 수 있는 최선의 길은, 창궐할 기회만을 노리고 있는 이 흉악한 괴물을 신중한 눈으로 감시하는 것뿐이다. 중국발 신종 코로나바이러스 사태에서 보듯이, 신종 괴질병 초기에는 병원도 마땅한 치료제가 없어 대증요법만 쓴다. 확실하지 않은 상태에서 오히려 병원에 가면 전염병에 더 잘 걸리게 된다. 진단과 치료를 하는 과정에서 발생한 미세한 에어로졸이 병원에 떠다니기 때문이다. 결국 신종 전염병에서 병을 이기는 것은 자신의 면역력이다. 앞으로 창궐할 수 있는 다른 신종 전염병에서도 자신을 지킬 수 있는 것은 결국 자기 자신밖에 없다.

다가오는 질병대란은 남의 일이 아니다. 바로 나와 내 사랑하는 가족의 문제이다. 지금은 병의 대세를 **나와 가족과 이웃, 우리 모두의 생존 문제**로 절박하게 인식하고 그 해결책을 찾아서 실천으로 옮겨야 할 때이다.

인간은 결코 미생물 병원체의 변이를 따라잡을 수 없다. 코로나19 팬데믹은 '머지않아 더 강력한 살인적인 바이러스가 오고 있으니 철저히 대비하라'는 경고장이다.

끊임없이 진화하는 미생물

전염병은 바이러스나 박테리아 같은 미생물 병원체가 일으키는 것이다. 바이러스는 최소 단위의 미생물로서 단독으로는 생존할 수 없어 숙주 안에 들어가서 산다. 세포에 들어가 세포 안에 있는 물질을 사용, 자기 복제를 함으로써 수천, 수만의 바이러스를 만들어낸다. 바이러스가 다른 생명체와 뚜렷이 구별되는 점 중 하나는 '변이'도 많고 다른 바이러스를 만나 교잡하는 일도 잦다는 것이다. 그래서 신종 바이러스가 쉽게 생겨난다.

그런데 변이와 교잡에 의해 출현한 신종 바이러스가 다른 종의 생물로 옮겨 붙는 경우가 있다. 그럴 경우 새로운 숙주 생물은 낯선 바이러스에 대항할 면역체계를 갖추지 못했으므로 세포가 급속히 파괴된다. 이 바이러스는 숙주 생물이 죽기 전에 다른 숙주 생물로 옮겨 붙어야 살아남을 수 있는데 여기서 더욱 강력한 전염성을 갖게 된다. '정착 – 전염 – 정착'으로 이어지는 것이 바이러스의 생존 방식인 것이다.

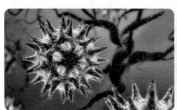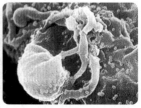

병마病魔로 진화한 바이러스의 공격적인 모습

또 박테리아는 지구에서 가장 많은 미생물로, 지구 안에 박테리아가 존재하지 않는 공간은 한 군데도 없다. 생명이 존재할 수 없을 것 같은 곳, 심지어 화산이 폭발하는 뜨거운 곳에서도 어김없이 살아 움직인다. 우리 몸에 붙어 사는 것만도 적어도 2백여 종에 이른다. 입 속과 창자, 그리고 피부에 허락도 없이 얹혀 산다. 우리 몸의 1kg 정도가 이러한 미생물로 채워져 있으며 그 가운데 1퍼센트도 안 되는 미생물이 인간에게 병을 가져다 주고 해를 끼친다.

이렇듯 인간은 '미생물의 바다' 속에서 살아가므로 미생물 병원체의 감염을 피할 수 없다. 그동안 인류는 '미생물 병원체의 박멸'을 목표로 끊임없이 전쟁을 해 왔다. 하지만 인간은 이 전쟁에서 승리할 수 없다. 미생물의 정보 전달 능력은 인간이 상상할 수조차 없이 빠르다. 그들은 숙주인 인간의 몸 속에 살면서 약을 투입하여 죽이려고 하면 그 사실을 알고 재빨리 다른 곳으로 옮겨가 새로운 집을 짓는 것이다. 그리고 생존을 위해 항생 물질에 내성을 가진 더욱 강력한 종으로, 병마病魔로 진화해서 더 큰 병을 몰고 와 보복을 한다. 교묘한 돌연변이와 혁신의 재주를 갖고서 마치 심술을 부리듯 다시 일을 저지르는 것이다.

설사 인간이 미생물 병원체를 박멸할 수 있다 해도 그것은 생명계의 질서를 파괴하는 결과를 가져 온다. 그러므로 결국 미생물과 인간은 서로 영향을 주고받으며 함께 진화[공진화共進化]하는 쪽으로 나아가게 되는 것이다

인류 문명사를 바꾼
전염병

박고지금博古知今, 옛일을 널리 알면 오늘날의 일도 알게 된다는 말이 있다. 우리는 옛일을 통해서 오늘의 일뿐만 아니라 미래를 여는 지혜의 눈을 얻을 수 있다.

오늘날 지구촌을 엄습하는 전염병의 대유행이 장차 어떻게 전개될지, 그 미래를 가늠하고 대비하는 데는 지난날 전염병의 역사가 교훈이 되리라 생각한다.

독자들은 이 장을 읽으며 인류가 겪은 고난의 질병 역사 이면에 새 문명을 창조하는 큰 손길이 깃들어 있음을 알게 될 것이다.

전염병은 문명의 동반자

전염병은 맨 처음 언제부터 시작되었을까?

인류가 역사의 첫걸음을 뗀 바로 그날부터 질병은 인간

의 삶과 함께 그 맥을 이어왔다. 역사가인 윌리엄 맥닐 William H. McNeill 교수는 약 1만 년 전부터 대규모 전염병이 인류를 휩쓸었다고 보고 있다.[※] 인류가 한 곳에 정착하여 농경 생활을 하면서 토양이 오염되었고, 소나 말 등 동물들에 기생한 세균이 인간에게 옮아 왔다. 동물과의 접촉이 빈번해지고 생태계가 오염되면서 인간에게 전염병이 생긴 것이다. 한마디로 사람들이 모여 살며 동물을 가축으로 길러 이용하면서 문명이 싹틈과 동시에 전염병이 유행할 환경이 조성되었던 것이다. 따라서 **문명의 발상지가 곧 전염병이 태동한 곳**이라 할 수 있다.

기록에 따르면 중동의 메소포타미아 문명이나 이집트 문명이 시작되기 전인 BCE 3500년 경, 동방 배달국의 태호복희太昊伏羲씨(태극기의 건곤감리 등 팔괘를 처음 그린 분)가 생존했던 때에 이미 침술이 발명되었으며, 그 200년 뒤인 염제신농炎帝神農씨 때에는 의학이 발달했다. 신농씨는 농경과 교역, 그리고 의학의 아버지라 불린다. 의학이 발달했던 것으로 보아 그 당시 동방 땅에 질병이 광범위하게 퍼져 있었음을 알 수 있다.

문명은 발달한 곳에서 그렇지 않은 곳으로 흘러가기 마련이다. 전염병은 일찍이 태고 시대에 문명의 발원지인

※ 윌리엄 맥닐 지음, 김우영 옮김, 『전염병의 세계사』, 이산, 2005.

동방 땅에서 발병하여 문명의 전파와 함께 주변 동서남북으로 퍼져나간 것으로 보인다.

전문가들은 인류 시원 문명과 함께 발생한 '인류사 최초의 전염병'을 시두(천연두, 두창, 마마)라고 추정한다. 시두는 역사상 가장 많은 희생자를 낸 전염병이다.(제3부 참고)

그런데 우리가 문명사에서 알아야 할 무엇보다 중요한 사실이 있다. 인류가 새로운 시대로 들어서는 데는 전염병이 결정적인 요인으로 작용했다는 점이다.

윌리엄 맥닐 교수는 "전염병은 개인은 물론 민족과 국가의 운명을 좌우해 왔다. … 질병으로 사회가 무너지고 가치관이 붕괴되고, 종래의 생활양식이 모두 박탈되어 의

왼쪽_ 중국인들이 인류 문화의 시조[人文之祖]로 받드는 우리 동이족의 조상 태호복희 상(하남성 주구시 회양현 소재)
오른쪽_ 의학의 아버지 염제신농 상(호북성 수주시 신농고리 소재)

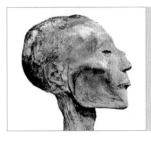

현존하는 가장 오래된 시두의 흔적.
BCE 1157년 무렵에 숨진 이집트 람세스 5세 미라의 얼굴에 두흔(마마 자국)이 남아 있다.

미를 잃어버렸다. **문명은 질병을 만들고, 질병은 문명을 만들어 왔다**"고 주장했다.[※]

　예전에는 이러한 사실이 역사가들의 문명사 해석에서 무시되거나 도외시되다가, 근래에 이르러 깨어 있는 사람들에 의해 설득력을 얻으면서 새롭게 부각되고 있다.

　인류 역사를 관통하여 볼 때 특히 고대에서 중세, 중세에서 근대로 넘어 온 문명의 전환 과정에는 **전쟁과 더불어 발생한 전염병이 가장 강력한 충격을** 주었다.

제국을 멸망으로 이끈 전염병

　아테네는 국력이 가장 왕성했던 황금기인 BCE 430년, 스파르타를 비롯한 펠레폰네소스 동맹 도시들과의 전쟁에 휩쓸렸다. 스파르타의 침공으로 수많은 사람들이 도시의 중심부로 몰려들었다. 그들은 덥고 숨 막히는 오두막

※ 윌리엄 맥닐 지음, 김우영 옮김, 『전염병의 세계사』, 이산, 2005.

에서 비비적거리며 지내야 했다. 곧이어 인구가 포화 상태로 밀집한 아테네에 전염병이 들이닥쳤다. 사람들은 한 번도 겪어 보지 못했던 참혹한 증상을 보이며 죽어갔다.

이 병에서 살아남은 역사가 투키디데스Thucydides(BCE 460?~BCE 395?)는 당시의 참상을 이렇게 전했다.

> 건장한 젊은이들이 갑자기 심한 고열에 시달리며 눈을 비롯해 목구멍이나 혀 같은 내부 기관들이 붉게 충혈되었다. 병자들은 곧 온갖 종류의 신물을 토했고 엄청난 고통이 뒤따랐다. 그들은 열이 너무 심해 몸에 불이 붙은 것처럼 느꼈고 심한 갈증에 시달렸다. 물에 대한 갈망으로 분수대로 모여들었으며 … 거리에서, 사원에서, 그리고 뛰어든 우물 속에서 죽어갔다. … 이 역병은 남녀노유, 노예와 장군, 그리고 의사들까지 가리지 않고 죽였다. 신들을 숭배하든 하지 않든 모두가 똑같이 목숨을 잃었다. … 역병은 2년 동안 계속되었고 3년 이상을 더 머물러 있었다. 그때까지 아테네 인구의 3분의 1 정도가 죽었다. 많은 생존자들이 손가락, 발가락, 시력, 기억력 등을 잃었다. [※]

역병은 아테네의 군사력을 끝장냈을 뿐 아니라, 정치

※ 아노 카렌 지음, 권복규 옮김, 『전염병의 문화사』, 사이언스북스, 1995.

질서와 도덕 질서를 붕괴시켜 사회가 해체되도록 만들었다. 결국 아테네는 5년 동안의 역병과 거의 30여 회에 달하는 간헐적인 전투 끝에 몰락하고 말았다.

아테네의 뒤를 이어 지중해를 제패한 로마제국 역시 전염병의 공격 때문에 쇠락의 길을 걸었다. 로마제국이 몰락하게 된 가장 직접적인 원인은 실크로드를 타고 동양에서 서양으로 전염된 시두의 창궐이었다.

그 매개 역할을 한 주인공이 훈족이다. 훈족은 서양사에 등장하는 최초의 북방 유목 민족으로 그들의 문화와 신체는 몽골리언의 특성을 보여준다. 훈족은 일찍이 1세기부터 몽골 고원에서 유럽까지 대이동을 하였다. 이 과정에서 시두를 옮겼으며 훈족에게 고향을 빼앗긴 민족들이 로마제국으로 이동을 함으로써 이 병이 로마로 퍼진 것이다.※

서로마제국이 멸망하던 5세기 중반, 아틸라Attila 왕(406?~453)이 이끄는 훈족은 로마로 진격하다가 로마의 관문에서 갑자기 퇴각을 했다. 로마에 시두가 발병을 했기 때문이었다. 그 후 로마는 겨우 수천 명만이 살아남은 폐허로 몰락했다. 그리고 그로부터 24년 뒤, 로마 황제가

※ 아노 카렌 지음, 권복규 옮김, 『전염병의 문화사』, 사이언스북스, 1995.

게르만족 장군에 의해 폐위되면서 서로마제국은 멸망을 하고 말았다.

서구 근대의 문을 연 흑사병

아테네에서 벌어진 상황과 기이할 정도로 유사하게 인간 사회를 해체시킨 또 다른 전염병이 있었다. 바로 서양의 중세를 무너뜨린 흑사병Black Death이다. 페스트라 불리는 흑사병은 '역사상 최악의 연쇄 살인마'라고 일컬을 정도로 이미 인류에게 자연 재앙의 공포를 상기시키는 문화적 상징이 되어 있다. 현재 의학계에서는 이 흑사병을 앞으로 일어날 병란 상황의 모델로 놓고 연구하고 있다고 한다.

'흑사병'은 몸이 새카맣게 되면서 죽는 병이라는 뜻이다. 쥐벼룩으로 감염이 되는데, 이 병에 걸리면 불에 데었을 때 나타나는 수포처럼 생긴 종기가 몸의 구석구석에 생겨나면서 고열과 발작이 일어난다. 종기가 작은 사과나 달걀만하게 커지면 극심한 고통과 함께 피를 토하고, 사나흘째 되면 온몸이 곪아서 죽게 된다.

본래 흑사병은 중국 운남성의 풍토병이었다고 한다. 13세기 중반, 몽골제국의 황제 뭉케(1208~1259)가 남송제국을 공격하기에 앞서 교두보 확보를 위해 운남 지방을 정벌하였는데, 이때 흑사병균이 몽골 군사에게 전염된 것으로 본다.[*] 이것이 1300년대에 전 세계에 불어 닥친 급격한 기후 환경 변화 때문에 창궐하게 되었다. 몽골 군대와 함께 북쪽으로 올라간 흑사병은 1331년에 북경에서 대발을 하였고, 북경 인구의 3분의 2가 이 전염병으로 사망하였다. 이후 흑사병은 유라시아 실크로드를 타고 유럽으로 퍼져 갔다.

1346년, 흑사병은 현재의 흑해 연안 크림 반도의 항구 도시인 카파Kaffa에 도착하였다. 당시 이 도시는 3년 동안 킵차크한국(몽골제국에 속한 나라)의 통치자인 야니벡에게 포위되어 있었다. 그 안에는 제노바의 상인들도 갇혀 있었다.

흑사병은 먼저 도시를 포위하고 있던 몽골군을 습격하였다. 몽골의 병사들이 죽어 넘어가자 야니벡은 살아남은 군사들과 철수하면서, 투석기를 사용하여 감염된 시체를 카파의 성벽 안으로 던져 넣었다. 성 안의 사람들이 시체를 성벽 너머 바다로 다시 던져 버렸지만, 페스트는 이미 도시 안에 퍼진 상태였다.

1347년, 몽골군이 철수한 뒤 자유를 찾은 제노바 상인들은 성에서 나와 배를 몰고 이탈리아로 향했다. 그들과

---

[*] 윌리엄 맥닐 지음, 김우영 옮김, 『전염병의 세계사』, 이산, 2005.

함께 흑사병도 지중해의 다른 항구로 빠르게 번져 나갔고, 1350년에는 전 유럽에 전염이 되었다.

폐 페스트나 패혈성 페스트에 걸린 사람들은 아침에 멀쩡하다가도 밤이 되기 전에 피를 토하며 죽었다. 당시 사람들은 이 병을 '떼죽음big death'이라 불렀다. 흑사병은 1347년부터 1351년 사이의 짧은 기간 동안 맹렬한 위세를 떨쳤다. 최소한 유럽 인구의 3분의 1, 전 세계에서 7천 5백만 명의 목숨을 앗아갔다.[*]

흑사병을 치료하는 의사.

흑사병으로부터 자신을 보호하기 위해 의사들은 새의 부리 같은 검은 마스크와 망토를 두르고 다녔다. 이들은 '까마귀'라고 불렸으며 뾰족한 처방책이 없자 환자의 피를 뽑아 치료를 했다. 옆의 침대에 피 뽑힌 환자가 누워 있다. (브린 바너드 글·그림, 김율희 옮김, 『세계사를 바꾼 전염병들』, 다른, 2006.)

---

[*] 흑사병으로 유럽 인구는 최소 3분의 1인 2,500만 명이 죽고 아프리카, 아시아 일부에서도 인구의 4분의 1 내지 절반이 죽었다. 중국은 흑사병으로 전체 인구의 3분의 1이 죽었다. 이는 당시 중국을 지배하던 몽골의 힘을 약화시켜 몽골제국의 해체를 가속화시키는 한 계기가 되었다.(존 켈리 지음, 이종인 옮김, 『흑사병시대의 재구성』, 도서출판 소소, 2006, 재인용.)

이탈리아 시에나의 한 생존자는 다음과 같은 기록을 남겼다.

> 아버지는 자식을 버리고, 남편은 아내를, 형은 동생을 … 아무도 돈이나 우정으로 죽은 이를 매장할 수 없었다. 사람들은 주야로 수백 명씩 죽어갔고 모두가 구덩이에 버려져 흙으로 덮였다. 구덩이가 메워지자마자 더 많은 구덩이를 팠다. 나, 투라의 아뇰로는 이 손으로 내 다섯 아이들을 묻었다.[※]

교회도 흑사병을 피할 수 없었다. 어떤 교구에서는 성직자의 70~80퍼센트가 이 병으로 죽었다. 교황의 탄식 소리가 그치지 않았고 교회의 권위는 땅에 떨어졌다. 너무도 많은 사람이 허망하게 죽자 사람들은 교회나 봉건 제후 대신 페스트에 비교적 신속히 대처한 도시 정부를 더 믿기 시작했고, 이를 계기로 공용어였던 라틴어 대신 각국의 세속 언어가 공식 문서에 쓰이기 시작하였다.

더욱 중요한 것은 인간의 의식과 태도의 변화였다. 흑사병은 인간으로 하여금 중세의 기독교 세계관에서 벗어나 인간의 본질에 눈뜨게 하였다. 그리하여 화가들은 천상에 대한 그림보다는 고뇌하고 고통에 찬 인간의 모습을 즐겨 그렸다. 이로써 르네상스의 밑거름이 마련되고, 종

[※] 필립 지글러 지음, 한은경 옮김, 『흑사병』, 한길사, 2004, 재인용.

교개혁이 일어나는 등 바야흐로 문명의 대전환이 시작되었다.

또한 수많은 농노의 죽음으로 노동력이 부족하게 되자 임금이 상승하였다. 농노들은 귀족의 부와 권력을 잠식하여 차츰 소작인, 소지주(자작농) 또는 장인으로 독립하였다. 흑사병은 엄격했던 사회 계층 구조를 흔들어 유럽의 중세 봉건 사회를 무너뜨리고 근대 자본주의를 발흥시키는 요인 가운데 하나로 작용한 것이다.

결론적으로 말해서 흑사병은 1천 년 동안 지속되었던 유럽의 중세를 막 내리고 근세로 이행하도록 '인류 역사의 행로'를 바꾸어 버렸다.

그런데 여기서 꼭 강조하고 싶은 의학사의 사실이 하나 있다. 흑사병이 유럽을 한창 휩쓸던 때에, 환자를 간호하던 일부 단체의 수도사들은 감염이 되었어도 쉽게 회복되었고, 한 번 앓고 나면 면역력이 생겨서 다시는 걸리지 않았다는 점이다. 수도修道가 병을 이겨내는 데 결정적인 역할을 한 것이다. 이 책 제3부에 생존을 위한 수도(수행) 이야기가 나와 있으니 독자들이 주의 깊게 읽어보기를 권한다.

흑사병으로 고통 받은 인류

역사상 가장 가혹했던 14세기 중엽 유럽의 흑사병은 유럽 인구의 3분의 1에서 절반까지 죽음에 이르게 했다. 현대판 흑사병이 도래한다면 인류는 과연 살아남을 준비가 되어 있는가?

아메리카 대륙을 휩쓴 시두

중세 이후, 중남미의 아즈텍과 잉카제국은 스페인군의 침략으로 확산된 시두로 멸망하였다.

16세기 초, 스페인군 부사령관 코르테즈는 600여 명의 군사를 이끌고 아즈텍을 쳐들어갔으나 30배가 넘는 병력을 갖고 있고 지형에도 익숙한 아즈텍인들을 이길 수 없었다. 그런데 스페인군이 2차 공격을 위해 아즈텍에 도착했을 때, 갑자기 아즈텍 군대의 사기가 떨어졌다. 그것은 스페인군에 의해 감염된 시두 때문이었다. 면역력이 없었던 아즈텍인들은 속수무책으로 쓰러질 수밖에 없었다. 1518년부터 1531년까지 원주민의 3분의 1 이상이 사망하였으며 어떤 부족은 멸종이 되기도 했다. 시체가 너무 많아서 매장이 불가능해지자 사람들은 시체에서 풍기는 악취를 막기 위해 집을 무너뜨리기도 했다. 그들의 집이 무덤이 된 것이다.

한편 시두는 남미의 잉카제국에까지 퍼져서, 잉카의 왕과 아들과 계승자들과 귀족, 장군 등 수많은 사람의 목숨을 앗아갔다. 1533년, 스페인군이 보물을 약탈하러 잉카의 수도에 들어섰을 때 잉카인들에게는 저항할 능력이 거의 남아 있지않았다.

이렇게 해서 그 화려했던 아즈텍 문명과 잉카 문명이

모두 사라지고 만 것이다.

오늘날 세계 최강을 자랑하는 미국이 건국되던 당시의 상황도 이와 유사하였다. 영국의 청교도가 종교의 자유를 찾아 북미 대륙에 도착하기 전, 이미 남쪽으로부터 전파된 시두가 그곳을 휩쓸고 있었다. 1620년, 청교도들이 도착하자 시두균은 그들을 따라 이동하면서 더욱 활발하게 전파되었다. 그때 면역력을 갖고 있던 백인들은 한 사람도 죽지 않았다.

1775년 미국의 독립 전쟁 당시 발생한 시두가 미국 건국에 결정적인 역할을 했음을 밝힌 책의 표지. 미국의 지배 아래 이루어지는 세계 평화를 팍스 아메리카나Pax Americana라 한다. 그런데 이러한 미국의 힘이 사실은 시두 전염병에 의한 것임을 보여주기 위해 폭스 아메리카나Pox Americana[시두 smallpox를 뜻함]라고 빗대어 표현하였다. 그림을 보면 군대가 앞서 가고 그 뒤를 시두신명이 따르고 있다. (저자 - Elizabeth A. Fenn, 듀크 Duke대학교 역사학 교수)

백인들은 한걸음 더 나아가, 세력을 키우고 더 많은 땅을 차지하기 위해서 고의적으로 담요에 시두균을 묻혀 원주민들에게 나누어 주기도 하였다. 불붙은 짚단에 휘발유를 뿌린 격이었다. 그리하여 면역력이 없던 미국 내 토착민 인디언들은 거의 멸망하다시피 했던 것이다.

대유행, 그리고 그 이후

20세기에 들어와 현대 의학은 우리 몸에 기생하면서 해를 끼치는 미생물 병원체들을 물리치는 데 성공하는 듯했다. 역사를 통해 인류를 가장 괴롭혀 왔던 전염병 중 하나인 시두가 1977년 아프리카 소말리아에서 발생한 환자를 끝으로 더 이상 발병하지 않았던 것이다. 이는 제2차 세계대전 후 전염병으로 인한 사망을 줄여 보고자 노력해 왔던 세계보건기구가 올린 최대의 성과였다.

그러나 과학과 인간의 지혜가 고도로 발달한 21세기에 들어와서도 미생물 병원체는 여전히, 아니 더욱 강력한 기세로 인간의 생명을 노리고 있다. 더욱이 지금은 그 어느 때보다 인구도 많고 국경도 없는 시대이다. 1년에 약 40억 인구가 비행기로 옮겨 다니는 등, 전 세계가 활짝 열려 있으니 전염병이 대유행으로 확산되는 것은 시간 문제인 것이다.

가장 중요한 것은, 그토록 끔찍한 전염성 병원체들이 당신의 생명을 노리고 있다는 사실을 얼마나 절박하게 받아들이고 어떻게 그에 대비하느냐 하는 점이다. 신종 전염병 때문에 세계적으로 수천 명이 죽는다고 해도 "겨우 1퍼센트도 안 되는데, 뭐"라고 하며 가볍게 여기는 사람들이 있다.

그러나 생각을 다시 해 보자. 제1차 세계대전 당시 스페인독감이 재발했을 때에도 사람들은 불과 몇 달 만에 몇천만 명이 죽으리라는 것을 전혀 예측하지 못했다. 그런데 수개월 만에 5천만 명에서 1억 명이 죽었다. 우리는 전문가들의 진심 어린 충고를 들어야 한다.

> 전쟁은 백 년에 한 번 일어날까 말까 하지만 우리는 항상 60만 명의 군인을 보유하고 막대한 예산을 쏟고 있습니다. 언제 홍수가 날지 모르지만 거기에 대해서 대비하지 않으면 막상 홍수가 날 때 큰 피해를 입는 것과 같은 거죠. 안 생길 수 있으면 좋지만 안 생기긴 어렵습니다. 분명히 생기기는 생기기 때문에 대비를 해야 한다는 것입니다.(천병철, 고려대 예방의학과 교수)[※]

또한 앞에서도 말했듯이, 현재 의학계에서는 유럽의 중

[※] SBS스페셜 〈최악의 시나리오〉 1부, 2009. 10. 19.

세를 끝내버린 흑사병 상황을 앞으로 오는 대유행 상황의 모델로 삼고 그 대책을 연구하고 있다. 장차 인류에게 닥치는 병란은 중세 흑사병의 비극에 준하는, 혹은 그것을 능가하는 것일지도 모른다.

특히 문명을 뒤집는 전염병의 대유행은 항상 전쟁과 함께 몰려온다. 지구촌에 전쟁이 그치지 않는 한, 전염병의 창궐 가능성은 언제든 열려 있다. 그리고 과거에 전쟁과 더불어 발생했던 전염병이 고대 아테네와 로마제국, 중세 유럽, 그리고 아메리카 대륙에 문명의 대전환을 가져다주었듯이, 다가오는 전염병 또한 다른 여러 요소들과 함께 뭉쳐져서 그동안 인류가 쌓아 놓은 모든 업적과 문명을 송두리째 무너뜨릴 수 있다. 그렇게 되면 역설적이게도 전염병이 새 역사, 새 문명을 여는 전기점이 되는 것이다.

현대 문명을 무너뜨릴 수 있는 전염병, 그것은 과연 왜 일어나며 어떤 과정을 거쳐 창궐할 것인가? 이제 3장에서는 독자들과 함께, 인류에게 몰려오고 있는 피할 수 없는 질병대란疾病大亂 소식을 점검해 보기로 한다.

문명은 질병을 만들고 질병은 문명을 만들어 왔다.
고대에서 중세로, 중세에서 근대로 넘어 올 때는
전쟁과 함께 찾아 온 괴질병으로 수많은 사람의 생사가
엇갈리고 살아남은 사람들은 그 토대 위에 새 문명을 열었다.

국경 없는 죽음의 공포

인류의 역사는 질병으로 인한 고난의 역사다.

동서 의학 전문가들은 앞으로 현대문명을 총체적으로 무너뜨릴 대귀질병이 지구를 엄습한다고 이구동성으로 말하고 있다.

현재 지구촌에서 창궐하는 전염병은, 첫째 정복된 것처럼 보였던 질병들이 다시 나타나는 것이 있고, 둘째 새로 출현하는 질병들로서 1980년 이래 **에이즈**를 비롯하여 30종 이상이 늘어났다.

지난 2백 년 동안 **10억**의 사망자를 낸 '첫째 가는 살인마'로서 **백색 페스트**라 불리는 **결핵균**이 약품에 대한 저항력을 갖고 최근 다시 기승을 부리고 있다. 매년 150만 명이 사망하고 1,000만 명이 새롭게 결핵에 걸린다. 이 중 50만 명 정도가 약제내성결핵이다.

말라리아는 모기를 통해 전염되는 치명적인 질환이다. 오늘날에도 전 세계에서 매년 3억에서 5억의 환자를 발생시키고 1백만 명에서 3백만 명을 죽음으로 몰고 있다.

본래 인도의 풍토병인 **콜레라** 또한 공포의 대상이다. 비브리오 콜레라균에 감염되어 발생하는데 적절한 치료를 받지 못하면 치사율이 거의 60퍼센트나 된다. 20세기 말엽인 1991년 1월에 페루에서 발생, 남미 여러 나라에 퍼져서 총 1,500건이 보고되었고, 1995년에는 인도에서 새로운 콜레라 균주가 병을 일으키기도 했다. 전문가들은 중세를 끝막았던 흑사병에 대해서도 "흑사병은 사라지지 않았다. 우리 뒤에 숨어 잠복해 있을 뿐이다"라고 경고하였다.(수잔 스콧 지음, 황정연 옮김, 『흑사병의 귀환』, 황소자리, 2005.)

20세기에 새롭게 나타난 질병 가운데 가장 무서운 것이 **에이즈**AIDS[후천성 면역 결핍증]이다. 에이즈 감염은 인간에게 사망 선고와도 같다. HIV에 감염된 이들은 1980년대 초반부터 7천610만명에 이르렀고 그 중 무려 3천600만명이 사망했다. 유엔 에이즈합동계획(UNAIDS)에 따르면 2016년에만 전 세계에서 1,800만 명이 새로 감염됐고 3,670만 명이 보균자로 생활하고 있다. 사망자 수는 매년 조금씩 감소하고 있지만 여전히 안심할 수 없는 감염병이다.

희귀병인 필라리아 병 환자 (1695년 수채화). 필라리아라는 벌레에 의해 임파선이 막히면서 다리가 코끼리 다리처럼 부어오르는 병이다.

인류가 고난 받은 전염병의 역사

BCE 430 2C~6C	• 아테네 5년간 역병 창궐, 멸망 초래 • 로마제국 천연두 정기적 출몰, 로마 멸망의 큰 원인	고대
1331~1334 1347~1351	• 중국 선 페스트 창궐. 인구의 3분의 1 사망. 몽골제국 해체의 한 원인 • 유럽 흑사병 창궐, 유럽 인구의 3분의 1 사망. 이후 17세기까지 주기적 발생	중세
16C 1830년대	• 아메리카 대륙 18세기까지 천연두, 홍역 등이 신대륙에 상륙, 7천만 명 이상 사망. 아즈텍, 잉카 문명 멸망 • 산업화가 초래한 콜레라, 범세계적인 대유행	근대
1918년 1957년 1968년 1981년 1997년	• 스페인독감 발병 5천만 명 이상 사망 → 1차 세계 대전 종결의 직접적 계기 • 아시아독감 2백만 명 사망 • 홍콩독감 백만 명 사망 • LA에서 AIDS감염자 발생, 현재까지 누적 사망자 3천6백만 명 이상 • 홍콩에서 H5N1 고병원성 바이러스 처음 발발	20세기
2002년 2003년 2009년 2012년 2020년	• 사스SARS 발생, 8천여 명 감염, 9백여 명 사망 • 조류독감 발발 이후 매년 발생하여 270여 명 사망 (치사율 60퍼센트 이상) • 신종플루 전 세계에서 발병,1만 4천명 사망 • 메르스(MERS 중동 호흡기 증후군) 25개국 발생, 한국은 2015년 발발 • 우한 코로나19 바이러스 발병 후 세계적 유행	21세기

질병대란이 일어난다

다가오는
질병대란 소식

　지난날 인류는 전쟁과 함께 찾아 온 전염병으로 희생된 수많은 사람들의 죽음 위에 새 문명을 일구어 왔다. 아메리카 원주민을 멸망시킨 시두도, 중세 유럽을 끝막은 흑사병도, 1차 세계대전을 마감 지은 스페인독감도 숱한 사람들이 떼죽음을 당하고 어떤 일정한 때가 되어서야 멈추었다. 그 '때'에 대해 여기서 한마디로 말할 수는 없지만, 우리는 지나온 전염병의 역사에서 문명의 발전 법칙을 또 하나 배운 것이다.

　21세기에 들어선 오늘날, 박멸하려고 하면 할수록 점점 더 진화하는 미생물 병원체들, 그들은 변종을 거듭하며 더욱 강력하게 인류의 삶 속에 침투하고 있다. 그리하여 전문가들이 최악의 시나리오를 외치는 가운데, 인류는 과거 문명의 발전 과정에서 겪어 보지 못한 또 다른 차원의 병을 맞이할 수밖에 없는 상황으로 치닫고 있다. 그것은 지난날과는 달리 대자연과 인간 사회, 인간의 마음 등 모든 것이 깊이 병들어 있기 때문이다. 이것이 무슨 말일까?

1. 병든 자연, 병든 인간

지구가 말라가고 있다

자연과 인간은 하나다. 동양에서는 예로부터 하늘을 아버지로, 땅을 어머니로 받들어 왔다. 인간은 자연의 품속에서 태어나 살기 때문에 자연이 건강하면 인간도 건강하고, 자연이 병들면 인간 또한 병이 들 수밖에 없다.

동양 의학에서 인간은 몸의 수화水火[물과 불, 음양] 기운이 균형을 이루지 못하면 병이 오고, 수화가 조화를 이루며 제대로 순환하면 건강이 유지된다고 한다. 대자연도 수화의 조화라 할 수 있는 더운 공기와 찬 공기, 그리고 난류와 한류의 거대한 순환 작용으로 돌아가고 있다. 대자연도, 인간도, 수화가 조화를 이루며 순환을 해야 건강한 것이다.

물은 만유 생명의 근원이다. 지구도 70퍼센트가 물이며, 사람의 몸도 70퍼센트가 물로 구성되어 있다. 또한 물은 유기체 내의 세포가 생명 활동을 할 수 있도록 해 주고 생명과 생명을 이어주는 연결 고리로서 자연 순환 시스템의 요체이다. 그러므로 천지의 물, 즉 수기水氣가 고갈되면 생명 시스템이 파괴되어 대자연과 인간은 살아남을 수가 없게 된다. 그런데 지금 수기가 고갈되고 있다. 불과 수십 년 전만 해도 개울이며 강이며, 어느 곳엘 가도 물이 풍족하게 흘렀는데, 지금은 다 말라붙어서 개울은 아예 자갈밭으로 변해 버린 곳이 많다.

또 전문가들의 예상을 뛰어넘어, 지구가 무서운 속도로 뜨거워지면서 곳곳에서 사막화가 급속도로 진행되고 있다. 현재 전 세계에서 7억 명이 물 부족 사태를 겪고 있으며, 기후 변화와 인구 폭발 등으로 머지않아 무려 30억 명이 물 부족에 시달리게 될 것이라 한다.(2009년 7월 세계미래학회 발표) 미래의 전쟁은 물 전쟁*이 될 것이며, 인류는 마실 물이 없어 온전한 생명을 유지하지 못한 채 언제 죽을지 모르는 위기에 놓일 것이다.

* **물 전쟁.** 지난 50년 간 전 세계에서 물로 인해 발생한 국가 간의 폭력 사태가 37건이나 된다. 또 물 부족이나 수질오염으로 사망한 사람은 연간 500만 명에 달한다. 이는 같은 기간 전쟁으로 인한 사망자 수보다 많은 숫자이다. (김수병 외, 『지구를 생각한다』, 해나무, 2009.)

중병을 앓는 지구

물 부족뿐만 아니라 인간의 행위로 인한 지구촌 생태계 파괴 문제 또한 이미 돌이킬 수 없을 만큼 심각한 지경에 이르렀다. 지난

한 세기 남짓, 많은 사람들이 만유 생명의 근원인 대자연에 대한 깊은 깨달음이 없이 인간 중심으로 살면서, 대자연을 오로지 이용과 정복의 대상으로 생각하고 무분별하게 파괴해 왔다. 자연과 인간을 별개로 여기고 지구 환경과 자연의 순환 과정을 대규모로 파괴함으로써, 인간은 결과적으로 '안정된 생태학적 보금자리에서 자기 자신을 내쫓는' 위험한 일을 저질러 온 것이다.

생태학자들은 현재를 생물의 대량 멸종 위기 상황으로 규정한다. 지구촌 곳곳에서 숲이 사라지고 물이 마르고 오염되어, 현재 지구상에 서식하는 생물들이 정상적인 속도보다 100배나 빠르게 멸종되고 있다. 도시 개발이나 팽창이 가치 평가의 우위에 있는 한, 지구의 대재앙을 막을 수 없다는 것이 전문가들의 주장이다. 그들은 지구 온난화가 최근과 같은 추세로 지속된다면 앞으로 20년 내에 기온이 섭씨 2도가 상승할 것이며, 그럴 경우 지구상 생물 가운데 100만 종 이상이 멸종할 것으로 보고 있다. 히말라야, 티베트, 안데스 산맥의 빙하도 사라질 것이며, 기후 변화에 따른 태풍, 홍수 등으로 인류는 대재앙을 맞게 될 것이라 한다.

구테흐스 UN 사무총장은 "기후변화는 오늘날 인류가 직면한 가장 중요한 문제"이며 "우리는 경주에서 지고 있다", "기후변화는 우리 보다 더 빠르게 진행되고 있다. 날이 갈수록 더 악화되고 있다"라고 경고했다.

또한 영국 옥스퍼드 사전은 2019년 올해의 단어로 'climate emergency'(기후 비상사태)를 선정했다. 그해 미국 전역에서는 극단적인 기후가 나타나 기온, 강수량, 폭설 등 기상 기록 1만 2,000개가 깨졌다(CNN). 미국뿐 아니라 전 지구가 '비상 사태'에 처한 상황이다. 이미 지구가 기후변화 상황을 되돌릴 수 없는 시점인 '티핑 포인트 Tipping Point'를 지났다는 주장마저 과학자들에게서 나오고 있는 실정이다.

환경 운동가들이 말한 대로 **지구가 암에 걸려서** 인간뿐만 아니라 이 땅에 살고 있는 모든 생물이 병들지 않을 수 없는 최악의 상황으로 치닫고 있다. 그 사람들은 "마치 과거에 공룡이 한순간에 사라진 것처럼 이제 인간이 멸종의 위기에 처했다"라고까지 말한다. ※

전쟁, 자원 남용, 대량 학살, 기술에 대한 맹신, 화석 연료 중심의 기술 등, 지금까지 인류가 번영을 위해 선택한 것들이 다음 천 년에는 지속 불가능하다는 것이 명백해졌다. 그러므로 인류가 살기 위해서는 행동을 바꾸고 신념 체계를 바꿔야 한다는 것이다.※※

※ 로베르 바르보 지음, 강현주 옮김, 『격리된 낙원』, 글로세움, 2009.
※※ 그렉 브레이든 외 지음, 이창미·최지아 옮김, 『월드 쇼크 2012』, 쌤앤파커스, 2008.

기후변화, 환경대란이 몰고 온 질병

생명의 어머니인 지구는 인간과 만물의 생명에 절대적인 영향을 미친다. 인간 생명의 근원인 천지가 병들면 결국 인간도 살기 어렵게 되는 것이다. 자연 환경이 오염되면 그 오염된 공기와 음식 때문에 인간 생명이 치명적인 영향을 받게 된다.

미국 코넬 대학 연구진은 전 세계 사망률의 40%는 수질과 공기, 토양 오염 때문이라는 결론을 내렸다. 피멘텔 Piementel 교수는 "심각한 환경 문제는 질병 발생에도 큰 영향을 미치고 있다."라고 말했다.

신종 전염병이 발생하고 창궐하는 것은 지구온난화 같은 기후변화의 영향이 큰 것으로 알려지고 있다. 기온이 올라가면 병원체의 활동이 촉진된다. 근래 시베리아 극지가 해빙되자 얼음 속에 있던 탄저균이 살아나서 순록의 떼죽음을 몰고 왔다. 과학자들은 시두 바이러스가 얼음 속에 갇혀 있다가 되살아날 것을 매우 두려워한다고 한다.

오늘날 자연을 무분별하게 개발함으로써 인간이 야생 동물과 접촉할 기회가 많아지고 있는데, 동물에 기생한 바이러스가 사람을 감염시킬 수 있다. 종간 장벽을 넘어 동물과 사람이 함께 감염되는 '인수공통감염병'이 발생할 수 있는 것이다. 밀림 깊숙이 사는 원숭이에게 기생하던 에이즈 바이러스가 사람에게 옮은 것이 그런 예이다. 더욱이 이러한 바이러스가 신종 바이러스로 진화하면 치명적인 감염병을 유행시킬 수 있다.

WHO가 발표했듯이 환경오염도 질병을 급격히 증가시키는 원인이다. 각종 환경오염으로 말미암아 해마다 세계 인구의 6분의 1명이 사망한다. 2015년에는 대기오염이 유발한 질병으로 약 650만 명이 사망했다. 수질 오염도 심각하다. 12억 인구가 수인성 전염병에 노출되어 있다. 비위생적 주거 환경 때문에 매년 500만 명이 사망하는데, 안타깝게도 그중 절반 이상이 어린이다.

병들어 가는 자연의 생명

필자는 지금 인간이 사는 지구 환경이 병들었다는 이야기를 하고 있다. 그렇다면 그 근원적인 이유는 무엇일까? 바로 천지가 비뚤어져 있기 때문이다. 제2부에서도 상세히 살펴보겠지만, **지축이 23.5도 기울어진 채 타원형 궤도로 돌아가고 있기 때문**이라는 말이다. 독자들 가운데는 그것이 무슨 큰 문제냐고 물을 수도 있다. 하지만 그로 인해 하늘과 땅에 상극相克의 질서가 들어오고, 부조화된 상태에서 지구촌의 환경이 파괴되는 것이다.

인간은 환경의 지배를 받는 존재다. 조화와 균형을 이루지 못한 자연(천지) 환경의 영향으로 인간 또한 본심을 잃고 가혹한 경쟁 구도 속에서 살아가지 않을 수 없게 되었다. 강대국, 남성, 강자가 약소국, 여성, 약자를 힘으로 지배하는 고통의 역사를 만들어 온 것이다. 그리하여 개인도 남보다 우위에 서기 위해 온갖 노력을 기울이고 단체도, 기업도, 국가도 강자가 되기 위한 경쟁력을 갖추는 데 모든 수단과 방법을 동원하고 있다. 때로는 이 때문에 사회 정의가 파괴되고 이러한 현실 속에서 사람들은 과연 어떻게 살아야 하는지, 삶의 참된 목적과 가치가 무엇인지 회의를 품고 고민하며 불면의 밤을 보내기도 한다.

인간은 생리적으로나 문화적으로나 욕구를 충족시키기 위해 살아간다. 하고 싶은 일을 하지 못하면 울분이 쌓이게 되고 심하면 마침내 큰 병을 이루게 된다. 특히 경쟁 사회 속에서 살면서 모함이나 음해 때문에 억울하게 패배를 당하여 뜻을 이루지 못하면 영혼에 큰 상처를 입는다. 자기 능력 부족 때문에 패배자가 되어도 마음이 무너진다. 그리하여 많은 사람들의 영혼이 병들고 가슴에 원한이 맺히게 된다. 바로 이러한 영혼의 상처와 원한이 대병란을 일으키는 주요 원인이 되는 것이다.(제2부 참고)

가장 심각한 병은 마음의 병

인간은 육신과 마음, 영혼으로 이루어져 있다. 인간의 몸과 마음은 하나이다. 마음을 빼놓고 몸의 병을 말할 수 없는 것이다. 마음의 병이 오히려 육신의 병보다 더 무서운 것일 수 있다. 그것은 인간 몸의 주인이 마음이며, 마음이 병들면 생명의 바탕인 영혼이 함께 병들어 즉각적으로 몸에 영향을 주기 때문이다. 의사들도 인간의 병은 90퍼센트가 마음에서 온다고 한다. 마음의 병이 어떻게 몸의 병으로 이어지는 것일까?

사람이 스트레스를 받으면 아드레날린과 같은 호르몬이 뇌에서 분비되는데, 이것은 살모사의 독과 같은 강한 독성을 가지고 있다고 한다.

브루노 클로퍼Bruno Klopfer 박사가 보고한 사례를 보면, 악성 림프샘암에 걸린 한 환자가 의사에게 크레바이오젠Krebiozen(말의 장액)이라는 약을 투여해 달라고 부탁했다 한다. 어디선가 그 약이 효과가 있다는 이야기를 들었던 것이다. 약을 투여하자 커다랗던 종양이 기적적으로 사라졌다. 그런데 환자가 우연찮게 크레바이오젠이 가짜라는 의학 기사를 읽게 되었다. 그러자 바로 암이 재발했다. 의사는 '이전보다 두 배나 강력한 새로운 버전'의 크레바이오젠이 있다며 그것을 주사했다. 사실 그것은 물이었지만, 종양은 녹았다. 환자는 다시 건강해져서 두 달 동안 아무 탈 없이 살았다. 그런데 또 다시 크레바이오젠 이 아무런 효과가 없다는 명확한 기사를 읽고는 이틀 후 에 죽고 말았다.* 이렇듯 인간의 마음은 인체에 즉각적인 영향을 끼친다.

인간에게 가장 무서운 것이 내가 나를 포기하는 것, 자 신감을 잃는 것이다. 우울증에 걸리는 것도, 자살을 하는 것도, 알콜 중독도, 마약 중독도 다 이 때문이다. 의사들 이 가장 긴장하는 병이 우울증이라는데, 지금 세계 최강 국을 자랑하는 미국의 대학생 42퍼센트가 우울증을 앓고 있다고 한다. 지구촌에서는 하루 평균 3천 명, 1년이면 100만 명이 자살을 한다. 우리나라에서도 전직 대통령을 비롯하여 기업인, 정치인, 연예인, 학생들의 자살이 끊이 지 않고 있다.

최악의 괴질병란이 일어난다

현대 문명이 저지른 생태계 파괴와 환경 오염, 그리고 그 어느 때보다도 심각한 인간 마음의 병 때문에 지구촌

---

* 이런 예들을 미국의 의사 조안 보리센코Joan Borysenko는 *Minding the Body, Mending the Mind*(몸 관찰하기, 마음 치료하 기)에서 집중적으로 다루고 있다.

은 인류가 이제껏 경험하지 못한 큰 병이 일어날 수 있는 최적의 환경이 조성되고 있다. 미생물 병원체도 더욱 강력해지고, 인간의 마음 병도 더욱 깊어져서 갈수록 인간의 면역 체계가 약해지고 있다. 예를 들어 어항의 물이 썩으면 그 속에 사는 물고기들이 모두 병들지 않을 수 없다. 그것처럼, 인간이 생존하는 지구 환경이 병들어서 앞으로 그 어떤 첨단 의학기술로도 원인과 처방을 전혀 알아낼 수 없는 괴질병怪疾病이 창궐하여 대란이 일어나게 되는 것이다.

그렇다면 앞으로 오는 이 병의 위세는 과연 어떠할 것인가? 『도전道典』을 보면 이러한 내용이 나와 있다.

- 이 뒤에 괴질병이 엄습하여 온 세계를 덮으리니 자던 사람은 누운 자리에서 일어나지 못하고 죽고, 앉은 자는 그 자리를 옮기지 못하고 죽고, 행인은 길 위에 엎어져 죽을 때가 있을지니 지척이 곧 천리니라. (7:31:12~13)
- 장차 십 리 길에 사람 하나 볼 듯 말 듯한 때가 오느니라. (2:45:3)

앞으로 일어날 병은 순식간에 인명을 앗아가는, 일찍이 인류가 한 번도 체험해 보지 못한 전혀 새로운 병, 어떻게 손을 써 볼 수 없는 괴질병이라는 말씀이다. 그리고 이 병으로 얼마나 많은 사람이 희생되는지, 십 리에 한 사람 볼 듯 말 듯 하게 된다는 것이다.

이 병은 한마디로 현대 문명을 총체적으로 무너뜨리는 **대병**大病인 것이다. 이에 비하면 지난날 바이러스나 박테리아의 감염으로 일어났던 사스나 인플루엔자, 흑사병, 에이즈 같은 전염병, 그리고 유전적인 결함 때문에 오는 질병들은 **소병**小病에 불과하다.

각 분야의 전문가들이 이구동성으로 오늘의 인류가 처한 위기를 '현대 문명의 총체적 붕괴와 새로운 문명의 출발점'으로 진단하고 있는 이때, 우리에게는 다가올 병의 대세에 대해 **깨어 있는 눈으로 지켜보려는 자세가 무엇보다 중요**하다.

그런데 놀랍게도 수천 년 전부터 다가올 질병대란 소식을 전해 준 사람들이 있었다. 곧 하늘의 명을 받고 내려와 하늘의 입노릇을 하면서 인간의 삶을 밝혀 준 사람들! 유불선 종교의 성자들과 이후 역사에 출현했던 영지자들이 바로 그들이다. 그들이 전한 소식을 구체적으로 하나씩 살펴보면서 인류의 미래를 가늠해 보자.

2. 동서양 종교와 영지자들이 전한 대병란 소식

동서 성자들이 경고한 마지막 전쟁과 병겁의 도래

일찍이 석가부처는 장차 오는 대병란에 대해 한소식을 전했다. 『미륵성전』을 보면 이러한 내용이 나온다.

> 사람의 수명이 십 세가 되는 때 **십세정명***에는 큰 기근겁(기아), 큰 질병겁(병란), 큰 도병겁(전쟁)의 이른바 삼재가 일어나며 인종이 거의 없어지다시피 하는데 ….

'사람의 수명이 평균 십 세가 되는 시대가 오면, 기아와 병과 전쟁이 함께 온다. 그때가 오면 인종이 거의 없어지다시피 한다'는 것이다. 석가부처는 그 병에 대해서 이렇게 말했다.

* **십세정명.** 인간의 평균 수명이 10세가 되는 때를 말한다. 태어나기 전 낙태로 죽어간 영아까지 합하여 평균 수명을 잡는다.

어떤 것을 질역겁疾疫劫이라고 하는가? … 저 힘센 귀신이 이곳 사람들을 침범하여 매질하고 때리고 하여 그 정기를 빼앗고 사람을 죽이고 간다. 그때 질역겁 중에 있는 사람들은 몸이 무너지고 …. (『장아함경』 「삼중겁품」)

그 병은 바로 '귀신이 죽이는 병'이라는 것이다. 그리고 이러한 병이 오는 때를 석가부처는 말법시대*라 하였다.

* **말법시대.** 석가 사후 2,000년이 지나면 정법이 사라지는 말법시대가 도래한다고 하였다. 2020년은 불기 3046년이다. (남방불기로는 2564년)

말법시대가 되면 … 전쟁이 일어나고 일월성신이 제 자리를 찾지 못해 대지가 진동하고 흰 무지개가 나타나며 요성[재해의 징조]이 떨어지고 '고약한 병들'이 잇달아 번진다. (『월장경』)

그때가 되면 전쟁이 일어나고 천지가 요동을 치며 우주의 별들이 떨어지고 역병이 잇달아 일어난다. 즉 천지의 대변혁과 함께 병란이 일어난다는 것이다.

그렇다면 불교에서 전한 인종이 거의 없어지다시피 하는 '말법시대', 천지가 진동하면서 일어나는 '병란 소식'을 기독교에서는 어떻게 전하였는가?

(넷째 봉인을 열 때) 내가 보니 … 그 뒤에는 저승이 따르고 있었다. 그들에게는 땅의 사분의 일에 대한

苗稼不成熟
亢旱及水潦
鷹鼠惡鳥暴
自他國兵起
曜入非常宿
大地普震動
白虹妖星墮
時氣多疫病
焚燒諸聚落

大集經卷第五十六 第二十一張 虞

『월장경』 원문

권한이 주어졌으니 곧 칼(전쟁)과 **굶주림**과 **역병**과 땅
의 짐승들로 사람을 죽이는 권한이다. (「요한계시록」
6:7~8) ※

100살이 넘도록 지극한 정성으로 기도한 사도 요한은
계시를 받고 아버지 하나님께서 '새 하늘 새 땅'을 여실
때, 전쟁과 굶주림과 역병이 총체적으로 몰려온다고 전하
였다.

그런데 도교에서는 이보다 더 근원적인 문제를 제기하
였다. 도교는 앞으로 오는 대병의 원인을 불교에서 말한
인간 마음법이나, 기독교에서 말한 원죄론, 즉 시원 조상
의 욕망과 타락에만 두지 않는다. 우주 자연의 도의 경계
에서 인간의 타락과 병란 소식을 전해 주고 있다. 앞으로
질병대란이 도의 근원인 하늘땅, 대자연의 문제 때문에
온다는 것이다.

하늘에서 살기殺機를 발하면 별들이 움직이고, 땅에서
살기를 발하면 뱀과 용이 땅으로 올라오고 사람이 살
기를 발하면 하늘과 땅이 뒤집어진다. …하늘이 인간과
만물을 낳고 죽이는 것은 '천도天道의 이치'이니라.[天
生天殺, 道之理也] ※※

※ 「NIV 성서」.
※※ 天發殺機, 移星易宿; 地發殺機, 龍蛇起陸; 人發殺機, 天地反復. …
天生天殺, 道之理也.(「음부경陰符經」)

하늘과 땅과 인간이 총체적으로 살기를 뽐는 때, 이것이 바로 큰 병이 오는 때이다. 그런데 그때 천지가 뒤집어지는 변화가 일어난다고 했다. 인류의 운명을 총체적으로 바꾸는 천지 변화 운동이 일어난다는 것이다.

그리고 천지에서 인간을 낳고 죽이는 **천생천살**(여기서 천은 땅을 포함하는 천지)은 천도, 즉 천지의 이법 때문에 일어난다고 했다. 그동안 천지에서 인간을 낳아 수천, 수만 년 동안 인간을 길러 왔는데, '앞으로 **천지에서 인간을 죽이는 변화**가 온다 그것이 바로 도지리道之理, 즉 도의 섭리이고 우주 자연의 법칙'이라는 것이다.

이렇듯 불교와 기독교와 도교는 각기 다른 언어로 표현하였지만, 내내 대병란이 일어난다는 한 소식을 전했던 것이다.

노스트라다무스가 전한 병란 소식

성자들의 사후, 대변혁의 때가 가까워지면서 후대에 출현한 영지자들은 하늘의 대변인 역할을 하며 성자들의 가르침을 더욱 구체적으로 전파하였다.

예언의 아버지라 불리며 가장 많은 예언을 남긴 이는 미셸 노스트라다무스Michel Nostradamus이다.

노스트라다무스는 『백시선百詩選』에서 장차 일어날 질병

노스트라다무스
(1503~1566)

대란의 참상에 대해 이렇게 말했다.

무서운 전쟁이 서양에서 준비되면 다음해에는 돌림병이 찾아오리라. 그들의 거대한 도시는 '치명적인 질병'으로 오염되리라. … 너무도 두려워하리라, 젊은이도 늙은이도 동물도 … . (『백시선』 9:55)

편안하게 지내던 사람들은 갑자기 버려질 것이다. … 배고픔, 불, 피, 질병, 그리고 모든 악이 더해질 것이다. (『백시선』 8:17)

질병과 기아와 전쟁에 의한 죽음, 세기는 새로운 변혁에 다가서리라. (『백시선』 1:16)

하늘에서 공포의 대왕이 내려오리라. (『백시선』 10:72)

그는 너무도 무서운 돌림병으로 인류는 가장 비참한 상황에 처해질 것이며 문명의 대전환을 맞이할 것이라 하였다. 뿐만 아니라 「앙리 2세에게 보내는 편지」에서는 질병으로 희생될 인류의 미래 상황을 이렇게 지적하였다.

세계의 3분의 2가 죽게 될 질병이 광범위하게 나타납니다. 아무도 들판과 집의 진정한 주인을 알지 못할 정도로 많은 사람이 죽고 성직자들은 완전한 비통함에 젖어 있게 될 것입니다.

같은 해, 그리고 그 후 몇 년 동안 '가장 무시무시한 전염병'과 가장 가혹한 기근이 연속해서 발생할 것입니다. 기독교회 창립 이후로 유례가 없던 엄청난 재난이 남부지방 전역을 휩쓸 것이고, 또한 스페인 전 지역에서도 그러한 흔적들이 남을 것입니다.

그리고 「아들에게 보내는 편지」에서 사랑하는 아들 세자르에게 이렇게 전하였다.

이제 '죽음의 검劒'이 우리에게 다가오고 있다. 그것은 지금까지 있었던 어떠한 것보다도 '더 무서운 질병'과 전쟁, 그리고 기근이 될 터인데 ….

남사고가 전한 괴질병 소식

그런데 신기하게도 노스트라다무스와 동시대에 지구 반대편 조선 땅에서 태어난 철인 남사고南師古(1509~1571)도 괴질병 이야기를 하였다. 남사고가 남긴 『격암유록』을 보면 병이 도는 상황이 노스트라다무스가 말한 것보다 더욱 실감나게 묘사되어 있다.

괴상한 기운으로 '중한 병'에 걸려 죽으니 울부짖는 소리가 연이어 그치지 않아 과연 말세로다. '이름 없는 괴질병'은 '하늘에서 내려준 재난'인 것을, 그 병으로 앓아 죽는 시체가 산과 같이 쌓여 계곡을 메우니

길조차 찾기 힘들더라. (『격암유록』, 「말중운」)

참으로 섬뜩한 내용이 아닐 수 없다. 여기서 우리가 주목할 점은 병의 원인이다. 남사고는 앞으로 오는 병이 '이름 없는 괴질병'이며 '하늘에서 내려준 재난'이라고 표현했다. 여태껏 인류가 겪었던 바이러스와 세균에 의한 질병과는 성격이 다른, **'하늘의 신도**神道 **차원'에서 일으키는 병**이라는 것이다. 불교에서 말한 바와 같이 귀신이 잡아가는 병이라는 말이다.

남사고는 신들이 괴질병을 어떻게 일으키는지도 밝혀놓았다.

불이 만 길에 퍼져 있으니 사람의 흔적은 멸하였고
작은 머리에 다리가 없는[小頭無足] '귀신 신장들'이 날
아다니며 불을 떨어뜨리니 …. (『격암유록』, 「말중운」)

남사고의 고향 유적지(경북 울진군)**와 『남사고 비결』**(규장각 소장)

하늘에서 불이 날아 떨어져 인간을 불태우니 십리를
지나가도 한 사람 보기가 힘들구나. 방이 열 개 있어
도 그 안에 한 사람도 없고 한 구획을 돌아봐도 사람
은 보이지 않는도다. (『격암유록』, 「말중운」)

하늘에서 내려온 소두무족, 즉 귀신 신장들이 불을 떨
어뜨려서 사람들의 흔적이 사라진다는 것이다. 이 귀신
신장들의 정체는 제2부에서 분명하게 밝혀질 것이다.

남사고는 이때 겨우 열 가구에 한 집, 천 조상에 한 자
손이 산다고 하였다.

3년 동안 흉년이 들고 2년 동안 질병이 도는데 돌림
병이 세계의 만국에 퍼지는 때에 토사와 천식의 질
병, 흑사병, 피를 말리는 이름 없는 하늘의 질병으로
아침에 살아 있던 사람도 저녁에는 죽어 있으니 열
가구에 한 집이나 살아날까. (『격암유록』, 「가사총론」)

조상이 천이 있어도 자손은 겨우 하나 사는[千祖一
孫] 비참한 운수로다. (『격암유록』, 「말중운」)

남사고가 전한 바에 따르면 앞으로 오는 병은 '하늘의
질병'이며 불교에서 말한 것처럼 '인종을 거의 없애다시
피' 하는 참혹한 병으로, 귀신 신장들이 일으키는 '괴질
병'인 것이다.

세상 사람들이 그 때를 알지 못하여 많이도 죽고, 귀
신도 덩달아 많이 죽는구나. 혼은 떠나가니 이제까지
살아 온 인생이 한심스럽도다. (『격암유록』 「은비가」)

남사고는 때를 몰라서 사람도, 귀신도 많이 죽을 것이
라고 하였다.

타라빅의 놀라운 예언

한편, 세르비아 크렘나의 양치기였던 미타르 타라빅
(1829~1899)은 미래를 내다보는 능력을 갖고 있었는데, 그
가 죽은 후 조카 밀로스 타라빅이 영적인 능력을 물려받
아 예언을 남겼다. 노스트라다무스가 사람들이 예언을 쉽
게 풀이 못하게 암호 형식으로 남긴 것과는 달리, 이들은
미래에 벌어질 일들을 숨김없이 그대로 묘사하였다.

이들은 20세기와 21세기에 발생할 세 차례 세계대전을
정확히 묘사하고 지구 온난화 현상까지 언급하였다. 그리
고 앞으로 닥칠 병란에 대해서는 이렇게 전하였다.

전 세계에 '이상한 병'이 돌지만 아무도 치료약을 만들
지 못할 거예요. 모든 이들이 '나는 알아, 나는 알아,
왜냐면 나는 배웠고 똑똑하기 때문이야'라고 말하지
만 아무도 어느 것도 모를 거예요. 사람들은 머리를
싸매고 연구하겠지만 정확한 치료법은 개발하지 못

할 거예요. 그들 주변에서도 내부에서도. 정확한 치료 법이란 신의 손길일 것이기 때문이에요.[※]

앞으로 치료약도 없는 이상한 병, 괴질이 돌 것을 예고한 것이다.

영지자들의 메시지는 앞으로 닥칠 괴질대란에 대해 마치 눈으로 보듯이 그 참상을 생생하게 그려 주고 있어 성자들의 메시지보다 구체적이다. 하지만 성자들이나 영지자들은 모두 괴질병이 구체적으로 무엇 때문에 일어나게 되는지, 그 결과는 무엇인지, 그리고 인류 문명사에 어떤 의미가 있는지에 대해서는 상세히 밝혀 주지 못하였다.

그런데 이렇듯 불분명한, 유불선 성자와 철인들이 전한 우주 질서가 바뀌는 병란에 대해 보다 구체적인 한 소식

타라빅 기념 건물(세르비아 크렘나 마을)

[※] *Nexus Magazine*, Vol. 13, 2005. 11.

이 전해졌으니 바로 160년 전, 동방의 이 땅에서 태동된 동학東學에 의해서였다.

동학에서 전하는 '3년 괴질', '다시 개벽'

수운 최제우
(1824~1864)

동학을 창시한 수운水雲 최제우崔濟愚는 인류사의 향방을 바꾸어 놓을 미래의 괴질병, 즉 오늘의 인류가 안고 있는 크고 작은 병란과는 차원이 전혀 다른, 이름도 알 수 없는 천지에서 죽이는 괴질병에 대해 이렇게 전했다.

'아동방 3년 괴질' 죽을 염려 있을소냐. (『용담유사』, 「권학가」)

'십이제국 괴질 운수' '다시 개벽' 아닐런가. (『용담유사』, 「몽중노소문답가」)

여기서 수운이 전한 내용은 첫째, 우리 동방 땅에서 3년 괴질이 일어난다. 둘째, 십이제국이 모두 괴질 운수에 들어섰다. 셋째, 이 괴질 운수가 바로 '다시 개벽' 이라는 것이다.

십이제국은 이 지구상의 모든 나라, 전 세계를 가리킨다. 그리하여 '십이제국 괴질 운수' 란 전 세계가 괴질 운수에 들었다는 말이므로, 자연 법칙에 따라 불가피하게 일어나는 **괴질이 지구촌 전역을 휩쓴다**는 뜻이다. 불교에서 말한 우주의 별자리가 바뀌는 거대한 변화 속에서 오는 질병겁, 기독교에서 말한 전쟁과 함께 오는 역병, 도교에서 말한 '천도의 이법'으로 천생천살로 일어나는 병란, 이것이 전 인류가 피할 수 없는 질병대란 과정인 것이다.

3년 괴질이 자연의 법칙으로 동방 땅에서 시작되어 전 세계를 휩쓸며 새 세상을 여는 개벽으로 몰고 간다! 괴질 대란을 통해서 새 세계가 열림과 동시에 인간과 문명이 다시 태어난다! 괴질병으로 지난날의 정치 경제 문화 역사 등, 모든 것이 마무리되고 다시 새롭게 시작된다!

그러면서 수운은 이 개벽을 '다시' 일어나는 것이라 했다. 즉 장구한 대자연의 역사에서 처음 있는 개벽이 아니라 이전에도 있었던 개벽이라는 말이다. 수운은 이를 또 '천운이 돌렸다'라고도 표현하였다.

> 천운이 돌렸으니 근심 말고 돌아가서 윤회시운輪廻時運
> 구경하소. (『용담유사』「몽중노소문답가」)

'천운이 돌렸다'는 것은 '**천지의 운행 궤도와 그 질서가 바뀐다**'는 것이다.

이렇듯 수운은 모든 성자와 영능력자들이 전한, 앞으로 지금까지 인류사를 괴롭혀 온 질병과는 성격이 전혀 다른

3년 괴질이 일어나며, 그로 인해 인류가 처넘어갈 때 다시 개벽이 온다는 소식을 전했다.

하지만 수운의 메시지에도 한계가 있다. 개벽에 대해 구체적인 가르침을 전하지 못한 것이다. 즉, 개벽이 어떻게 오며, 왜 괴질 운수가 열리는 것인지를 정확하게 밝히지 못했다.

어찌 되었든 동서양 성자들과 영지자들은 한결같이 다가올 대병란을 예고하였다.

그런데다가 최근 의학 전문가들은 머지않아 살인마와 같은 강력한 질병이 창궐하리라는 최악의 시나리오를 경고하고 있다. 바이러스는 휴게기에 들어서 있을 때 더욱 무서운 공격을 준비한다는 것이다. 병든 대자연과 인간 사회의 병폐, 인류가 처한 현실 등 모든 상황을 종합해 볼 때, 괴질이 닥칠 것이라는 공습경보는 이미 당신과 나, 우리 모두에게 내려져 있는 것이다.

"최후까지 살아남는 사람은 가장 힘 센 사람이나 영리한 사람이 아니라 **변화에 가장 민감한 사람**이다"라는 다윈의 말이 있다. 앞으로 '다시 개벽'으로 닥쳐올 인간과 괴질과의 전면전, 이것은 어쩌면 준비한 자와 그렇지 않은 자의 생사의 갈림길이 될지도 모른다. 당신은, 그리고 우리는 그 전쟁에 얼마나 철저하게 대비하고 있는가?

우리에게 엄청난 충격을 가져다 줄 **'3년 괴질병'**과 **'다시 개벽'**의 실체는 무엇이며 그것을 극복하는 방법은 무엇인지, 그 모든 비밀을 푸는 진리 여행을 떠나 보자.

불교, 기독교, 도교의 성자들과
동서양 영지자들은 말한다.
대병란이 닥칠 것이라고,
지금 현대 문명을 송두리째 무너뜨리고
새 문명의 출발점이 될
인류 최후의 질병대란이 다가오고 있다.

시대를 초월한 영지자들의 병란 메시지

노스트라다무스 ... 그들의 거대한 도시는 치명적인 질병으로 오염되리라. (『백시선』 9:55)

스칼리온 ... 대재난이 절정에 달하는 시기가 되면 새로운 질병과 갑작스런 전염병이 지구를 휩쓸 것이다. (『지구변화—오스트레일리아』 1992. 12. 17)

몽고메리 ... 지축이동 전에는 … 화산에서 폭발이 일어나고 그 다음에는 악성 전염병이 번지게 될 것이다. (『우리들 사이의 이방인』)

미타르 타라빅 ... 전 세계에 이상한 병이 돌지만 아무도 치료약을 만들지 못할 것이다. (*Nexus Magazine*)

『격암유록』 ... 이름 없는 하늘의 질병으로 아침에 살아 있던 사람도 저녁에는 죽어 있으니 열 가구에 한 집이나 살아날까.

『시빌라탁선』 ... 그 날에는 칼(전쟁)과 비참(괴질)이 온다.

『정감록』 ... 나를 죽이는 자가 누구인가. 작은 머리에 다리가 없는 소두무족인데 이것이 천상 신도의 신명인 것을 모른다.

『춘산채지가』 ... 혈기 믿는 저 사람아 허화난동虛火亂動 조심하고 척신난동隻神亂動 되었으니 척신隻神받아 넘어간다.

the Secret **2**

대병란은
왜 오는가

1. 인간 고통의 근원은
2. 병은 천지에서 온다
3. 병든 천지를 고쳐 주시는 '한 분'의 강세

인간이란 무엇인가?

인간은 왜 태어나며 무엇을 위해 사는가?

지구촌 전 인류가
한 사람도 예외 없이 겪어야 하는
곧 닥칠 질병대란은
무엇 때문에 오는 것일까?

이 하늘과 땅은 어떻게 운행하며
장차 이 세계는 어떻게 변화할 것인가?

그 해답이
인간이 태어나 몸담고 살아가는
대자연의 변화 질서에 있다.

the
Secret

인간 고통의 근원은

선천은 상극相克의 운運이라
상극의 이치가 인간과 만물을 맡아
하늘과 땅에 전란이 그칠 새 없었나니
그리하여 천하를 원한으로 가득 채우므로 …

(『도전道典』 2:17:1~3)

지난날 하늘에서 명을 받고 내려와 인류에게 미래의 대
환란 소식을 전해 준 성자들과 영지자들, 그리고 동학의
최수운 대신사, 그들은 한결같이 장차 누구도 경험해 보
지 못한, 원인도 알 수 없고 이름도 알 수 없는 '괴질이 일
어난다'고 하였다. 왜 이렇듯 무서운 병이 예고된 것일
까? 인류 문명을 무너뜨릴 대병란을 일으키는 보이지 않
는 손길은 과연 무엇일까?

인간의 원寃과 한恨

생태계 파괴로 인해 일어나는 병들이나 미생물 병원체의 감염에 의한 질병들보다 더 절박하고, 극복하기가 힘든 병이 있다. 바로 인간 내면의 병이다. 인간의 병은 대부분 마음에서 오는 것이며 몸의 병보다 마음의 병, 영혼의 병이 더 무섭다. 그것은 생명의 주인이 마음이기 때문이다.

인간의 꿈인 행복과 건강, 그것이 뜻대로 이뤄지지 않을 때 인간에게는 원寃과 한恨*이 맺힌다.

원은 외부로부터 일방적으로 당함으로써 느끼는 원통함을 가리킨다. 생존 환경이나 경쟁 등 강력한 외부의 파괴적인 수단 때문에 생명을 그르치게 되면, 인간은 원을 맺는 것이다.

* **원寃과 한恨.** 원寃의 본래 글자는 冤寃이다. 문자를 보면 민갓머리[宀] 아래에 토끼 토兎 자, 즉 토끼가 철창에 갇혀서 옴짝달싹 못 하는 모습을 형상한 것이다. 그리고 한恨은 마음을 뜻하는 심방변[忄] 옆에 간艮을 썼다. 그래서 간방, 한민족의 마음이라고 풀이를 하기도 한다.

* **한恨과 기쁨悅** 심방변[忄] 옆에 태兌를 쓰면 기쁠 열悅 자가 된다. 한이 승화되면 기쁨이 되는 것이다. 동양 문화에서는 인간의 내면세계, 곧 마음과 영혼이 성숙하여 한이 완전히 해소되는 것을 기쁨이라 한 것이다. 이것이 천지생명의 완숙, 하나됨, 통일을 의미하는 '간태사상'이다.

이에 비해 한*은 외적인 것이라기보다는 내적인 것으로, 바라는 것이 이루어지지 않았을 때 생긴다. 과거, 현재, 미래를 통관하여 흐르는 대자연의 섭리에 의해 종교적인 이유나 문화적인 상황 등 그 모든 것이 종합되어 오는 것이다. 고난에 찬 삶을 산 사람들, 특히 불우한 환경으로 인해 어쩔수 없이 꿈을 접었거나 성장 과정에서 말할 수 없는 충격을 받고 영혼이 상처를 입었을 때, 또는 사람들의 관심이나 사랑을 받지 못하고 버림을 받았을 때 한이 맺힌다고 한다.[*]

이런 경우 전통적으로 한국인들은 그에 대해 보복을 하기보다는 마음으로 삭이고 용서하려고 부단히 노력을 한다. 그래서 어떤 이는 '한'을 마음속에 억압된 정서, '마음속에 도사리고 있는 비극적 감정', '한국인의 고유한 콤플렉스'라고까지 말하기도 한다.[**]

기존의 종교 문화에서는 이런 요소가 무시되었지만, 인간의 생리, 유전적인 환경, 제도적인 문제 같은 것이 가슴에 한을 맺게 하는 것이다. 수많은 사람들이 이런 부조화된 생존 환경 때문에 정신이 분열되어 삶의 진정한 가치가 무엇인지 고뇌하며 살고 있다. 이런 심적 상태가 지속되면 마음이 무너져 자신감을 잃고 자살을 하기도 한다.

이렇듯 원은 개별적인 것이고 개인의 삶과 사회 환경, 자연 환경에 따라 다양하지만 한은 보편적이다. 모든 인간의 마음속에 맺혀 있는 응어리가 한이다.

---

[*] 유태우 지음, 『질병완치』, 삼성출판사, 2009.
[**] 천이두 지음, 『한의 구조와 연구』, 문학과 지성사, 1993.

원한을 품은 신명의 보복

인간 세상을 병들게 하는 가장 큰 힘과 요인이 바로 원과 한이다. 지난날의 인류 역사는 억울하게 죽어간 숱한 사람들의 원한과 보복에 대한 이야기를 들려 주고 있다.

고려 말, 역성혁명에 성공한 태조 이성계는 고려 왕건의 후손들을 강화도 앞바다에다 수장시킴으로써 왕손의 대를 끊어 놓았다. 그날 밤에 왕건이 이성계의 꿈에 나타나서 "인과응보를 알렸다" 하며 "반드시 보복을 하겠다"고 말한다. 그 후 조선은 왕권을 두고 형제가 형제를 죽이고, 신하가 임금을 죽이는 피의 역사를 기록했다. 또 이 때문에 고려에서는 나라가 망할 때 충신이 일흔 둘[두문동 72인]이 나왔지만, 조선에서는 일본에게 나라를 팔아 먹은 역적이 일흔 둘이 나왔다는 이야기도 전한다.

조선의 역사에서 왕권을 두고 다투어 큰 원한을 맺게 한 대표적인 사례가 세조의 왕위 찬탈이다. 세조는 자신의 등극을 반대하는 성삼문을 회유하려다가 말을 듣지 않자 그의 아버지를 죽이고, 세 살 난 어린 아들을 대궐 뜰에 있는 돌에다가 패대기쳐서 죽였다.

세조는 사육신을 중심으로 단종 복위 운동이 일어나자 단종을 노산군으로 강등시켜 강원도 영월로 내쫓고 임금

자리에 올랐다. 그리고 복위 운동에 참여한 이들을 처형한 뒤 이미 죽은, 단종의 어머니인 현덕왕후를 폐위시키고 그 친정 가족들까지 모두 죽였다. 그것도 모자라 결국 단종에게 사약을 내리고, 시신은 강원도 영월 강변에 버렸다. 그런 무도한 세조의 꿈에 깊은 한을 품은 현덕왕후가 나타났다. "네놈이 아무 죄 없는 어린 내 자식을 죽였으니 나도 네 놈의 자식을 데려가야겠다."

세조는 경기를 일으키며 꿈에서 깼는데, 그때 동궁의 변을 알리는 급보가 당도했다. 세자가 절명했다는 충격적인 소식이었다. 이에 분노한 세조는 현덕왕후의 능을 파헤쳐 관을 강물에 버리는 등 잔악하게 보복을 했다. 그러자 현덕왕후가 세조의 꿈에 다시 나타나 "에이 나쁜 놈, 더러운 놈!" 하면서 침을 뱉었다. 이후 세조는 그 침이 튀어서 묻은 자리마다 살이 곪아 썩어 들어가는 끔찍한 병에 걸려 고생을 하다가 52세에 죽었다. 천고에 사무치는 현덕왕후의 원한의 살기가 병을 일으켜 평생 세조를 괴롭혔던 것이다.

세조의 등극에 공을 세운 한명회도 저주를 받았다. 한명회의 동생은 스물아홉 살에 죽고, 두 딸도 왕비가 되었지만 자식도 못 낳고서 일찍 죽었다. 한명회 자신도 훗날

'부관참시剖棺斬屍'(죽은 뒤 큰 죄가 드러나 관을 쪼개고 시체의 목을 베는 극형)를 당했으며 무덤이 여러 차례 도굴되는 수모를 겪었다. 이 밖에도 동서고금에는 악업에 대한 응보로 병에 걸려 죽음에 이르게 된 사람들에 대한 무수한 이야기가 전해져 온다.

이런 이야기는 인간에게 닥치는 죽음, 재난, 질병이 단순히 병원체에 의해서 일어나는 것이 아니라 그 이면에 원한의 복수와 저주가 또 다른 손길로 작용하였음을 보여주는 역사의 사례이다.

끝나지 않은 패자의 원한

지난날의 인류사는 원한의 역사요 전쟁의 역사이며, 또한 승자의 역사이다.

영국은 잉글랜드·스코틀랜드·웨일즈와 북아일랜드로 구성된 연합 왕국이다. 영국 북부 지역에 있는 스코틀랜드는 오랫동안 잉글랜드의 침략에 맞서 싸웠다. 〈브레이브 하트Brave Heart〉라는 영화를 보면 스코틀랜드의 영웅 윌리엄 월라스(1272~1305)가 잉글랜드와 싸우다가 패배하여 죽임을 당하는 장면이 나온다. 항복을 하면 살려준다고 하였지만 그는 끝내 "자유Freedom!"를 외치며 사지가 묶인 채 한순간에 도끼로 목이 잘리는 참형을 당했다.

몇 년 전, 영국에서 가을개벽과 후천 선경 문화에 대한 강연회를 마치고 스코틀랜드에 간 적이 있었다. 왈라스의 고향에 들렀을 때, 인근 가게의 할머니가 필자에게 이런 말을 했다. "이곳에 와서 저 너머 왈라스의 생가를 안 가보면 말이 안 돼요. 그분은 우리의 영원한 정신적 지주예요"라고. 그들의 가슴 속에는 아직도 왈라스라는 영웅에 대한 자긍심이 놀라울 정도로 요동치고 있었다.

당시 스코틀랜드를 정복한 잉글랜드의 횡포는 이루 말할 수가 없었다. 심지어 그 지역을 다스리는 영주가 초야권初夜權까지 행사를 하였다. 즉 스코틀랜드 처녀가 결혼을

윌리엄 왈라스의 동상
(스코틀랜드 에버든 소재)

하면, 그 첫날밤을 잉글랜드의 영주와 보내야 했던 것이다.

스코틀랜드 사람들의 고통과 분노를 한번 생각해 보라. 한 남자와 여자가 결혼을 해서 일가를 이루는 것은 인간 역사를 창조하는 인륜의 근원이다. 그런데 정복자들은 마치 짐승과도 같이 인간 생명의 근원인 천륜을 짓밟아 버렸던 것이다. 아마도 정복당한 스코틀랜드인들의 원한은 지금의 역사가 끝나고 완전히 새롭게 될 때까지 영원히 지속될 것이다.

전쟁의 원한

앞에서도 살펴보았듯이, 전쟁에는 언제나 전염병이 따라와서 많은 사람을 죽음으로 몰고 가 전쟁을 끝막았다. 그런 전염병을 **역병**疫病이라고 한다. 고대 한의학에서도 전쟁 끝에 오는 역병을 역래무방疫來無方이라, 즉 강력한 살기를 내장하고 있어 언제 어느 방향에서 올지 알 수 없고 또 발병을 하면 고칠 방법도 없다고 하였다.

역사가 시작된 이래 수천 년 동안, 동서양에는 부모와 처자식, 따뜻한 고향을 뒤로 하고 강제로 전쟁터에 끌려가 억울하게 죽은 젊은이들이 헤아릴 수 없이 많다. 인생의 꽃을 피워 보지도 못하고 자신의 꿈을 접은 채 전쟁터에 나갔다가 칼에 맞아 죽은 사람, 두 눈이 빠지고 사지가 잘린 사람, 총알받이가 되어 오장육부가 터져 죽은 사람, 게다가 포로가 되어 산 채로 매장되거나 처참하게 죽은 사람, 그들이 절규하는 원망과 저주가 이 하늘과 땅에 죽음의 기운으로 꽉 들어차 있다. 거기서 역병이 일어나는 것이다. 그들의 영혼에 맺힌 깊은 원과 한이 바로 역병의 원인이 된다. 이에 대해 증산도의 태상종도사님께서는 이렇게 말씀하셨다.

> 인간의 역사라는 것이 전쟁의 역사다. 사람들이 제대로 살아보지도 못하고 전쟁에 끌려가 칼 맞아 죽었다. 전부 피 흘리고 손발이 잘리고 눈이 빠지고 죽어서 너무너무 원통해서 천지 안에 대고 하소연하고 절규를 한다. 그 원망과 저주가 꽉 차서 이 세상을 흔들고 뒤집는 것이다.[※]

억울하고 참혹하게 죽어간 자들이 품은 천추의 한을 가슴으로 느낄 수 있어야 앞으로 올 병에 대해 제대로 인식을 하게 된다. 그래야 장차 원인도 알 수 없고 치료도 할 수 없는 괴질병이 왜 오는지 알 수가 있는 것이다.

[※] 안운산 지음, 『천지의 도 춘생추살』, 상생출판, 2007.

흡혈귀 드라큘라의 모델은 실제 인물인 루마니아의 블라드 쩨뻬쉬Vlad Tepes이다. 그에게 죽임을 당한 전쟁 포로들의 절규는 수백 년이 지난 지금까지도 천지를 울리고 있다.

블라드는 본래 루마니아 옛 왕국 중의 하나인 발라히아의 왕자였다. 어린 시절 터키에 잡혀가 볼모 생활을 하다가 그의 아버지에 의해 겨우 고국으로 돌아오지만, 곧바로 또 헝가리 제국에 볼모로 잡혀갔다. 고통스런 날을 보내면서 적국에 대한 복수심을 키운 블라드는 마침내 고국으로 돌아와 왕위 계승자 칭호를 얻는다.

그 후 블라드는 터키와의 전쟁에서 승리하여 많은 적들을 포로로 잡았다. 그는 마치 보복이라도 하듯 포로들을 아주 잔인하게 처형했다. 굵은 가시가 박힌 큰 바퀴를 사람 몸 위로 지나가게 하여 온몸에 구멍을 내는가 하면, 장대를 깎아 만든 창을 항문에 찔러 넣어 입으로 나오게 하였다.

그 참상을 한번 상상해 보라. 블라드가 수백 년 동안 혐오스런 흡혈귀로 불리는 것은 이렇게 극한의 고통 속에서 참혹하게 죽어간 수많은 포로들의 저주 때문인 것이다.

한국의 근세사에도, 일본 제국주의 침략을 받은 조선 땅의 젊은 처녀들이 거리에서, 빨래터에서, 일터에서 끌려가 처참하게 강간을 당하고 일본군들의 성노리개가 되어 죽어간 피눈물로 얼룩진 역사가 있다.

나는 1920년 12월 28일 함경남도 풍산군 파발리에서 태어났다. 열세 살 되던 6월 어느 날, 물을 길으러 마을 우물가로 갔다. 그때 일본군이 트럭을 몰고 나타났다. … 열흘쯤 지나서, 혜산시의 일본 주둔군 막사로 끌려갔다. 그곳에는 약 4백 명의 내 또래 조선 소녀들이 있었다. … 나와 함께 있던 한 조선 소녀가 왜 우리가 그토록 많은 남자들을 받아야 하느냐고 항의를 했다. … 그녀는 옷이 벗겨지고 팔과 다리가 묶인 채 날카로운 못이 박힌 판 위에 뉘어졌다. 그들은 그녀를 못판 위에다 궁굴렸다. 살점들이 찢겨져 나가고 못판은 피로 물들여졌다. 마침내 그들은 그녀의 목을 잘랐다. … 또 한번은 우리들 중 40명을 트럭에 태우더니 멀리 물과 뱀이 차있는 웅덩이로 데리고 갔다. 그들은 소녀 몇 명을 때리고 물속으로 밀어 넣고는 흙을 덮어 살아있는 채로 매장을 했다.[※]

[※] UN경제사회이사회 인권위원회 제52차 회의 안건 내용 중 정옥선 할머니 증언의 일부.

일본군은 또 잔혹하기 이를 데 없는 인간 생체 실험을 강행하였다. 실험 대상이 된 사람을 '마루타' 라고 불렀는데, 마루타는 본래 '통나무' 라는 뜻이다.

제2차 세계대전 당시 모든 면에서 열세였던 일본군에게는 새로운 병기가 필요했다. 그들은 생화학 무기를 만들기 위해 포로나 부상자, 병에 걸린 사람, 여자, 어린아이 할 것 없이(주로 중국인과 조선인) 산 사람을 도구로 사용하여 실험하였다. 예를 들면 물에 젖은 사람이 영하 몇 도에서 몸이 얼기 시작하는지, 또는 산 사람의 배를 가른다거나 생화학 물질을 투여했을 때 어떻게 반응을 하며 얼마나 처절한 고통 속에서 죽어 가는지, 그 과정을 살피고 시간을 재었다.

제2차 세계대전 당시 중국 하얼빈에 주둔한 일본 세균전 부대 (731부대)에서 인간 생체 실험을 하는 장면

그런가하면 히틀러를 중심으로 한 독일 나치스는 1945년 1월 27일까지 폴란드 아우슈비츠 포로수용소 등지에서 6백만 명에 이르는 유대인을 인종 청소라는 명목 아래 학살하였다. 죽도록 노동을 시키고, 힘이 소진되면 독가스실로 끌고 가 발가벗긴 채 죽였다. 그리고 그 증거를 없애기 위해 시체를 불에 태워버렸는데, 이들의 범죄는 인간의 폭력성, 잔인성, 배타성, 광기가 어디까지 갈 수 있는지를 극단적으로 보여 주었다는 점에서 20세기 인류 최대의 치욕적인 사건으로 꼽힌다.

그 악마 같은 모습들을 한번 생각해 보라. 그런 행위는 하늘도 노하고 땅도 노하고 천지신명이 용서할 수 없는 끔찍한 범죄가 아닐 수 없다.

참혹한 역사의 현장 아우슈비츠 수용소. 독가스 학살 현장 내부에는 희생자들이 고통스럽게 죽어가며 남겨 놓은 손톱 자국들이 아직도 선명하게 남아 있다.

전쟁이 터지면 그렇게 억울하게 죽은 수많은 사람들의 **원한의 기운이 폭발하여 역병이 대발한다!** 그래서 역병으로 전쟁이 끝나게 되는 것이다. 이것이 자연 법칙과도 같은 역사의 진실이다.

천지에 울려 퍼지는 원한의 곡소리

전쟁뿐 아니라 동서양 역사에는 피지배자, 약자로 태어나 살다가 억울하게 죽어간 수많은 사람들의 원한이 있다. 그 가운데 16세기부터 약 3백여 년 동안 노예로 살았던 흑인들의 원한은 너무도 크다. 아프리카 흑인 6천만 명 이상이 손발에 족쇄가 채워지고 코가 꿰인 채 바다 건너 유럽과 아메리카 대륙 등지로 끌려가 백인들의 노예 생활을 하다 죽어갔다. 영화 〈아미스타드〉를 보면 백인 노예상들이 흑인들을 배에 태우고 가다가 병이 들면 바다에 던져 참혹하게 죽이는 장면이 나온다. 백인들은 흑인 노예가 배반할 경우 귀에다가 말뚝을 박아 죽이는 등 잔혹하게 보복을 하였다.

사실 인류 역사를 돌이켜 보면, 어느 한때도 평등한 사회는 없었다. 한국도 조선조 때에 엄격한 신분 제도인 반상班常 제도가 있었다. 양반은 지배층이고 상민, 곧 일반 백성과 노비는 피지배 계층이었다. 양반은 노역도 하지 않고 세금도 내지 않으면서 백성들이 내는 세금으로 먹고 살았다. 백성과 노비는 양반을 먹여 살리는 노예에 지나지 않았다.

더욱이 조선조 탐관오리들은 죽은 사람에게도 군포軍布[※]를 징수하였고, 군에 갈 나이도 안 된 어린아이뿐 아니라 태어나지도 않은 뱃속의 아이에게 이름을 붙여 군포를 징수하였다. 또 여자를 남자로 고치거나 강아지, 절구에까지 이름을 붙여 세금을 빼앗아 갔다. 그야말로 무법천지였다.

일반 백성들의 삶이 이러했을진대, 노비 같은 천민들의 삶은 오죽했으랴. 가뭄이나 전쟁이라도 일어나면 백성들의 삶은 더욱 참담하기 그지없었다. 『조선왕조실록』 선조 27년 1월조에 실린 사헌부의 보고 내용은 너무도 참혹하여 더 이상 설명이 필요 없다.

> 기근이 극도에 이르러 심지어 사람의 고기를 먹으면서도 전혀 괴이하게 여기지 않습니다. 길가에 쓰러져 있는 굶어 죽은 시체에는 붙어 있는 살점이 없습니다. 뿐만 아니라 어떤 사람들은 산 사람을 도살

[※] 조선시대에 15~59세의 상민 남자에게 병역의 의무를 면제해 주는 대가로 나라에서 징수하던 베[세금].

屠殺하여 내장과 골수까지 먹고 있다고 합니다.[※]

그뿐인가. 노예처럼 핍박받고 피눈물을 흘리며 살아 온 동서양 여성의 원한을 보라. 중세 서양에서는 죄 없는 여자들이 마녀로 몰려 수백만 명이 죽었다. 프랑스를 위기에서 구한 영웅, 잔 다르크(1412~1431)도 마녀로 몰려 화형을 당했다. "하나님, 하나님!" 하면서 절규하며 죽어간 그녀의 몸은 불타서 한 줌의 재가 됐지만 심장만은 타지 않고 그대로 남아 있었다는 일화가 전한다. 그녀의 가슴에 맺힌 한은 뜨거운 불덩어리도 녹일 수 없었던 것이다.

또 여자의 발을 어렸을 때부터 천으로 묶어서 작고 뾰족하게 만드는 중국의 전족 풍습은, 지난 천 년 동안 여성들을 육체적으로 핍박했으며 규방과 집안에서만 맴도는 노예로 전락시켰다.

여자가 한을 품으면 오뉴월에도 서리가 내린다고 한다. 동서양 여성들이 품은 원한이 수천 년 동안 쌓여 왔으니 그 살기가 얼마나 무서울 것인가!

한편 낙태[뱃속 살인]는 태아가 일방적으로 죽임을 당하는 것이다. 그들은 엄마의 뱃속에 있다가 처참하게 찢기

[※] "饑饉之極, 甚至食人之肉, 恬不知怪. 非但剪割道殣, 無一完肌, 或有屠殺生人, 并與腸胃腦髓而嚼食之."(『조선왕조실록』, 宣祖 27年 正月)

고 잘려져서 쓰레기통으로 버려진다. 더욱이 대부분은 자신을 가장 사랑해 주어야 할 부모에 의해 죽임을 당하는 것이다. 그러니 그 원한이 얼마나 크고 깊겠는가.

우리나라는 인구 대비 낙태수 세계 1위다. 2010년 보건복지부가 조사한 낙태 건수는 연간 16만8천건이다. 그러나 대한산부인과의사회는 연간 100만건을 훌쩍 넘는다고 추정한다. 하루 3천 명 가까운 태아들이 숨지는 것이다.

태아에게도 영신靈神이 있다. 필자는 근 삼십 년 전, 당시 구도자였던 어느 산부인과 의사의 병원에 간 적이 있었다. 거기서 낙태아 영신들이 셋, 혹은 다섯 등 몇 명씩 떼를 지어 어깨동무를 하고 있는 모습을 영으로 보았다. 낙태아의 영신들은 그렇게 몰려다니면서 대상자를 만나면 보복을 하기도 하고, 흉측한 자기 자신을 완전히 소멸시

전족을 하여 10센티미터도 안 되는 중국 여인의 발. 고대 중국에서는 작은 발이 미의 기준이었다. 유아 때부터 발을 천으로 꽁꽁 묶어서 기형으로 만들었다.

키기 위해 자살을 하기도 한다. 인간만이 자살을 하는 게
아니라 신명도 자살을 하는 것이다.(『개벽 실제상황』 참고)

인간의 죽음, 그 이후

필자는 지금 인간의 병을 비롯한 이 세상의 고통과 비
극, 죽음의 또 다른 원인이 되는 죽은 자들[신명神明]의 원
한과 보복 이야기를 하고 있다. 사람이 죽으면 영적 존재
인 신명으로 태어난다.[※]

여기서 독자들은 이렇게 묻고 싶을 것이다.

"인간이 죽어도 영혼은 정말로 살아 있는 겁니까?"

한마디로, 분명히 살아 있다! 사람에게는 혼魂과 넋[魄]
이 있어 혼은 하늘에 올라가 신神이 되어 제사를 받다가 4
대가 지나면 영靈도 되고 혹 선仙도 되며, 넋은 땅으로 돌
아가 4대가 지나면 귀鬼가 된다.

사람은 본래 하늘의 기운인 **혼**과 땅의 기운인 **넋**이 결
합되어 태어난다. 그리고 사람이 죽으면 그 영혼은 어디
로 사라지는 것이 아니다. 혼과 넋이 분리되어 영혼은 신
명으로 거듭나 **천상**으로 올라가고 넋은 **땅**[지하]으로 돌아
가는 것이다. 신명으로 태어나는 것, 이것이 바로 인간이

[※] 영혼의 실체는 밝기 때문에 밝을 명明 자를 붙여 신명이라 한다.

죽음 후 천상에서 맞이하는 제2의 삶이다. 역사 속에 살다 간 모든 인물은 천상에 조상 선령신으로 살아 계신다. 조상님이 꿈에 나타나는 것은 바로 조상님의 신명이 오시는 것이다.

그런데 일방적으로 남의 모함이나 배신, 음모 속에서 억울하게 죽은 자의 영혼, 패배한 영혼, 상처받고 파괴되어 원한이 너무 깊은 사람들의 영혼은 신명으로 태어나도 천상으로 못 가고 구천九天을 떠돈다. 분노와 저주, 반드시 앙갚음을 하려는 의식이 지속되어 끊임없이 보복할 방법을 찾아다닌다. 이러한 신명들을 '**척신**隻神'이라 하는데

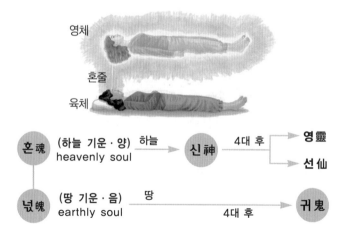

이들은 때로 자기에게 상처를 준 사람뿐만 아니라 그 자손들에게까지 복수를 하기도 한다.

비행기 추락 사고, 교통사고, 갑작스런 화재, 가스 폭발 사고 등, 이 세상에 일어나는 크고 작은 모든 비극적 참사는 척신이 행하는 것이다. 실제로 수행을 해서 영으로 그 실상을 들여다보면 척신들의 사연이 너무도 다양하고 엄청나다.

우주 속 비밀

원과 한, 무엇이 문제인가?

'도전과 응전'의 법칙에서 보면 '원과 한'은 우리가 인내할 수 있고 새김질이 될 수만 있으면 자신을 새롭게 창조하고 인생을 위대하게 도약시키는 큰 힘으로 작용할 수 있다.

하지만 주어진 환경이 도전을 하기에 너무 어렵고 버거우면 생명이 무너지고 영혼이 파괴될 수 있다. 그리하여 자신을 포기하고, 자살과 같은 온갖 극단적인 행위를 하게 된다. 개인뿐만 아니라 민족이나 종교의 경우도 마찬가지이다. 민족 분쟁, 종교 갈등 속에서 '너 죽고 나 죽자', '너만 죽일 수 있다면 나는 죽어도 좋다'는 비장한 각오로 뛰어드는 자살 폭탄 테러 같은 것이 전부 원과 한의 극치에서 일어나는 복수극이다. 이로 인해 원이 원을 낳는, 영원히 해결되지 않는 피의 악순환이 지속되는 것이다. 원한의 기운이 뭉쳐지면 그 파괴력은 우리가 상상할 수조차 없이 무섭고 엄청나다.

무엇보다 가장 큰 문제는 **이 우주 안에 있는 모든 것은,** 인간의 의식뿐 아니라 동물의 의식까지도 **하나로 연결되어 있다**는 점이다.

오래 전 소련 과학자들이 이것을 실험하기 위해 전파를 차단한 육지의 연구실에 어미 토끼를 둔 채, 새끼 토끼를 멀리 떨어진 바다 속 잠수함에 두고는 새끼 토끼를 한 마리씩 죽였다. 그리고 어미 토끼의 반응을 살폈는데 놀랍게도 새끼 토끼가 죽을 때마다 어미 토끼의 뇌파가 크게 변하는 것이었다.

또한 1959년 7월 29일, 미국의 과학자들은 원자력 잠수함 노틸러스호를 잠수시켜 2천 킬로미터 떨어진 메릴랜드 주와의 사이에서 정신 감응을 실험한 결과 70퍼센트의 성공률을 보였다. 우주의 어떤 차원에서 생명의 의식이 하나로 연결되어 있음을 보여주는 단적인 증거이다.[※]

※ S. 오스트랜더·L. 스크루우더 지음, 소봉파 옮김, 『소련권의 사차원 과학』, 일신사, 1984.

세상을 파괴하는 '마음 바이러스' 병원체

최근 서양의 과학계에서는 미생물 바이러스와 같이 자기를 끊임없이 복제하면서 인간 내면의 마음과 일상의 삶에 영향을 주는 의식의 구성 요소에 대한 새로운 이론이 제기되고 있다. 이 분야의 전문가인 리차드 브로디 Richard Brodie가 전하는 핵심 내용은, 우리의 일상생활에서 인간의 생각과 판단과 행동을 결정짓는 데 **마음 바이러스**Virus of the mind'가 큰 영향을 준다는 것이다. 이 마음 바이러스의 최소 정보 단위를 밈meme이라 부른다. 밈이라는 단어는 1976년 『이기적 유전자The selfish gene』의 저자 리차드 도킨스가 사용한 데서 비롯되었다.

이 밈의 작동을 비롯한 상호 교류와 복제, 진화에 대한 연구를 미메틱스memetics라 한다. 브로디는 바로 이 미메틱스가 인류 문명의 패러다임을 바꿀 것이라고 주장한다. 말하자면 오늘날 문명을 물질 중심에서 영성 중심으로 완전히 바꿀 수 있는 문화 혁명의 중심 주제가 미메틱스라는 것이다.

마음 바이러스는 과연 어떻게 작용하는가?

본래 바이러스는 생물과 무생물의 경계에서 산다고 한다. 바이러스가 사는 환경은 첫째는 생물체(유기체), 둘째는 인간이 만든 컴퓨터 프로그래밍, 데이터, 네트워크, 셋째는 마음과 환경, 생각이다. 세포와 컴퓨터에서 바이러스가 작용하듯이 인간 마음의 세계는 바이러스가 살아가는 또 다른 최적의 생존 환경이라는 것이다.

바이러스는

1) 침투하기penetrating

2) 복제하기copying

3) 지시하기issuing instructions

4) 퍼트리기spreading

등 네 가지 본성을 갖고 있다.

마음 바이러스는 다양한 정보를 가진 밈으로 사람들을 감염시킴으로써 그 사람의 행동에 영향을 준다. 그리하여 바이러스가 침투할 수 있도록 돕는다.[※]

밈에는 긍정적이며 밝은 것이 있는가 하면, 인간의 마음을 파괴하는 부정적인 것도 있다. 가령 사람이 불우한 환경에서 성장하여 애정 결핍 등 때문에 부정적인 밈에 감염되면 고독감을 느끼거나 반항적이게 되고, 정서가 불안하고 의식이 분열되어 집중을 못 하게 됨으로써 마침내 마음의 병을 얻는 것이다.

※ Richard Brodie, *Virus of the Mind*, Integral Press, 1996.

그러므로 인간이 만일 자신의 질병을 극복하고자 한다면 무엇보다 '생각 중독'을 완치해야 한다는 것이다. 물질 중독, 도박 중독, 쇼핑 중독과 같이 생각이 부정적인 마음 바이러스에 감염되어 있으니 그것을 퇴치해야 병이 낫는다는 말이다. 스트레스 또한 모든 게 뜻대로 안 될 때 생활의 무게를 감당하지 못하고 받는 것인데, 이것도 남에게서 받는 게 아니라 스스로 선택해서 생긴다는 것이다. 그러니 스트레스도 스스로 물리치면 된다고 주장한다.[※]

긍정적이고 바람직한 정보를 전하는 좋은 밈이 천지에 퍼진다면 온 세계를 정화하고 멋진 세상으로 변화시킬 수도 있을 것이다. 하지만 지금 지구촌은 자연 환경 파괴와 사회의 부조화와 불균형 때문에 인간 영혼의 순결을 파괴하고 마음에 원한의 상처를 주는 밈, 즉 **마음과 영혼의 바이러스 병원체**가 하늘 땅 사이에 꽉 차 있다. 인간의 내면과 문화 속 바이러스가 한꺼번에 폭발하여 온 인류를 공포에 빠뜨리는 대병이 대자연의 운명이나 역사의 발전 법칙에 의해 필연적으로 진행될 수밖에 없는 것이다. 이것이 장차 인류에게 닥칠 '3년 질병대란'의 배경이다.

[※] 유태우 지음, 『질병완치』, 삼성출판사, 2009.

그렇다면 인류에게 좌절과 고통, 원과 한을 갖게 하는
이 세계의 불균형과 부조화는 과연 어디서 온 것일까?

❧

부조화된 생존 환경으로 인해
억울하게 살다가 죽어간 신명들의 원한이
하늘과 땅 사이에 꽉 들어찼다.
자연에서 오는 바이러스와
부정적인 마음 바이러스가 하나로 얽히면
온 인류를 공포에 빠뜨리는
질병대란으로 폭발하게 된다.

인간이 저지르는 동물 학대

인간의 자기중심적 행위는 인간 사이에만 국한된 것이 아니다. 동물들에 대한 학대가 도를 넘었다. 그로 인해 동물들의 처절한 원한이 독기를 양산하고 있다.

공장식 축산, 그 이면에는 너무도 끔찍하고 슬픈 이야기가 있다. 언론에 보도된 내용이므로 독자들도 이미 알고 있을 것이다.

미국에서는 하루에 약 10만 마리(1년에 3천6백만 마리)의 소가 식용으로 도살된다. 그런데 어느 공장형 축사에서 사육되는 소들은 태어나면서부터 몸을 움직일 수조차 없이 빽빽하게 축사 안에 갇혀서 오직 먹이를 먹을 때만 고개를 밖으로 빼낸다. 그 소들은 24시간 내내 강렬한 불빛 때문에 잠도 제대로 잘 수가 없다. 사료를 주면 쇠창살 사이로 간신히 고개를 내밀어 먹이를 먹고 부어오르듯 퉁퉁하게 살이 찌면 도살장으로 끌려간다. 태어나서 한 번도 제대로 운동을 못 하다가 죽으러 갈 때만 겨우 움직일 수 있는 것이다.

게다가 이러한 사실이 밝혀지기 전에는, 병든 소들의 살과 뼈를 갈아서 만든 사료를 돼지와 가금류에게 먹이고, 다시 이 돼지와 가금류의 살과 뼈를 갈아서 사료로 만들었다고 한다. 그 사료에 또 발암 물질이 엄청나게 들어 있다고 하는데 그것을 먹고 살찐 소, 돼지 등을 인간이 먹었다니 인간 생명이 어떻게 온전할 수 있겠는가.

조류 독감이 휩쓸던 2008년, 수많은 가금류를 살처분하는 광경이 언론에 보도된다. 인간 생명의 안전을 위해서 살아 있는 8백만 마리의 닭과 오리를 포대자루에 담아 비닐을 깐 흙구덩이에다 넣고 횟가루를 뿌려서 죽였다. 수많은 닭이 살려고 발버둥을 치고, 어떤 놈은 기어이 포대자루를 뚫고 고개를 내밀고서 꺽꺽거리는데 사람들은 무표정한 얼굴로 묵묵히 작업만 하고 있었다.

그로부터 1년 뒤, 끔찍한 일이 일어났다. 전국에 닭과 오리를 매장한 지역이 1천여 군데인데, 그게 다 썩으면서 오수가 흘러나와 그 주변의 지하수 대부분이 오염되었다는 것이다. 그런데 그 물을 각 가정에서 식수로 사용하고 있다.

인류 문명사에서도 소에게서 시두가, 말에게서 독감이 왔고 쥐에서 흑사병이 생기는 등, 인간의 전염병 가운데 70퍼센트 이상이 동물들에게서 왔다. 이기적인 인간 중심 사고에 빠져서 무자비한 방식으로 얻어낸 동물의 고기와 우유와 계란이 앞으로 인간에게 더욱 심각한 질병을 가져다 줄 수 있다는 것을 깊이 생각해 봐야 할 것이다.

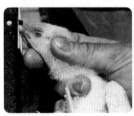

왼쪽_ **병아리의 부리를 자르는 광경.** 다른 닭을 공격해 상처를 주지 않도록 일찍 부리를 자른다. 오른쪽_ **소를 기르는 공장형 축사**

병은 천지에서 온다

가을바람이 불면
낙엽이 지면서 열매를 맺는 법이니라.
선천의 모든 악업이 추운秋運 아래에서 큰 병을 일으키고
천하의 큰 난리를 빚어내는 것이니….

(『도전道典』 2:44:2, 7:38:5)

지난날의 인류 역사는 왜 그렇게 끔찍한 원한의 역사가
되었으며, 오늘날 인류는 어떻게 해서 질병대란의 위협을
받고 멸망의 위기에 이르게 된 것인가? 거기서 살아날 길
은 어디에 있는가?

마음만이 전부가 아니다

인도 캘커타에서 가난하고 병든 사람들을 위해 평생을

바친 성녀 테레사 수녀는 한평생을 교류한 가장 가까운 신부에게 보낸 편지에서 이런 충격적인 고백을 하였다.[※]

"과연 신이 있는지, 하나님이 있다는 것을 나는 믿을 수 없습니다. 어둠, 냉랭함, 공허의 현실이 너무도 커서 제 영혼에는 아무것도 느껴지지 않습니다."

테레사 수녀는 왜 이렇게 절망을 한 것일까? 천민으로 태어나 그 굴레를 벗어날 수 없는 제도 속에 갇혀 불행하게 살아가는 사람들의 삶이 너무도 처절했기 때문이다. 세상이 너무도 불공평하다는 것이다. 아무런 희망도 가질 수 없는 운명 속에서 '인간 대접을 받지 못하는 불쌍한 사람들'을 숱하게 접하면서 그녀는 풀 길 없는 인간의 고통 때문에 고뇌하며 절규한 것이다. 그것은 사랑이나 자비, 희생이나 봉사만으로 해결될 수 있는 것이 아니라 인류 역사의 본질적인 문제이다. 즉, 그 모든 문제는 인간이 타락해서, 마음을 잘못 닦아서 일어나는 것이 아닌 것이다.

홍수와 대지진이 빈번하게 일어나는 곳, 화산이 폭발하는 곳, 물이 고갈되어 사막화된 땅, 너무 춥거나 더운 땅에서는 인간이 살 수도 없고 질병을 피할 수도 없다. 또 사람이 아무리 착하게 살고 마음을 잘 쓰려고 해도 조화가 이뤄지지

※ 〈Time〉, 2007. 8. 23.

못한 자연 환경과 자연의 변화가 의식을 분열시키는 쪽으로만 몰고 간다면, 그것을 이겨내지 못할 경우 몸과 마음이 무너져서 죽는 것이다.

그럼에도 기존의 모든 종교나 철인들은 인간의 삶과 생존 문제, 인간의 영성과 선악, 고통의 문제에 대해 원죄나 인과응보, 도덕설 등 인간이나 신 중심으로만 가르침을 폈다. 실제로 그 모든 문제는 대부분 생존 환경에서 오는 것인데 그것을 모두 무시해 버렸다. 그것은 명백히 억지스러운 면이 있는 것이다. 진리의 온전한 틀을 드러내지 못하는 한계를 인정하지 않고 모든 것을 인간의 책임으로만 돌린다면, 이것은 너무도 가혹한 처사다.

문제의 근원은 자연 법칙 속에

문제의 근원은 바로 인간이 태어나고 살아가는 생존 환경, 즉 대자연의 질서 속에 다 들어 있다. 지금 지구촌 인류가 앓고 있는 전염병의 원인과 다가오는 질병대란의 실체도, 그리고 대병란에서 살아남는 생존의 길도 우주 자연의 법칙에서 그 해답을 찾을 수 있다.

제1부 3장에서 우리는 성자와 영지자들의 메시지를 통해서 앞으로 오는 대병란이 대자연의 질서 차원에서 온다는 이야기를 접하였다. 거대한 대자연의 운행이 어떤 한

계상황, 극점에 이르면 질서의 틀이 바뀐다. 그들이 이구동성으로 외쳤듯이 우주의 별자리가 바뀌는 변화가 오고, 천지에서 인간을 죽이는 대병이 공격해 오는 것이다. 특히 160여 년 전, 동학에서는 모든 인류 역사를 귀결짓는 괴질이 와서 지구촌 역사가 새로 탄생하는데, 그것이 '다시 개벽'으로 온다고 하였다.

그렇다면 개벽이란 무엇일까? "십이제국 괴질 운수 다시 개벽 아닐런가"에서 '다시 오는 개벽'은 무엇을 말한 것인가?

개벽이란 '하늘이 열리고[天開] 땅이 열린다[地闢]'는 뜻에서 나온 말로 '천개지벽'의 준말이다. 그런데 동양의 자연관에서 말하는 개벽의 원 출발은 하루 음양 운동에서 시작된다. 하루 낮[양]과 밤[음]은 지구가 자전하면서 바뀌는 음양 질서의 변화이고, 지구의 봄·여름·가을·겨울은 지구가 태양을 안고 공전하면서 바뀌는 음양 질서의 변화이다.

대자연의 변화 틀도 예외는 아니다. 우주의 개벽은 지구의 중심축이 좌우로 이동하여 천체가 바뀜으로써 일어난다.

우주가 순환하는 시간 주기를 우주년이라 한다. 이 우주년의 봄철에 개벽으로 하늘과 땅이 열리고, 만물과 인간이 탄생하여 분열·성장한다[양 운동]. 그리고 가을철 개벽으로 수렴·통일하는 새로운 시간대가 열린다[음 운동]. 뒤에서 자세히 이야기하겠지만, 이 우주의 봄개벽을 선천先天개벽이라 하고 가을개벽을 후천後天개벽이라 한다. 이 모두가 대자연의 음양 질서가 바뀜으로써 이루어지는 변화이다.

이 대자연 질서, 대자연의 법칙에 대한 공부가 우주론(우주 1년 이야기)이다. 우주론은 진리의 눈동자, 진리의 생명, 진리의 열매이다. 우주론에 대한 깨달음이 약하면 이 세상의 모든 인간의 고통과 질병의 문제에 대해 보편적이고 종합적인 진리의 정도正道, 올바른 진리의 큰 답을 얻을 수 없다.

그러면 이 대자연의 변화 법칙을 살펴보자.

하루의 변화에 우주 변화의 모습이 있다

요즘 서양 과학에서는 이른바 프랙탈fractal 이론이 널리 응용되고 있다. 프랙탈이란 우리말로 '자기 닮음'이며 대자연의 패턴 속에 잠재하는 닮은꼴을 의미한다. 예를 들면 나무의 작은 이파리 구조 속에 큰 이파리의 구조가 들어 있고, 큰 이파리 구조 속에 작은 이파리의 구조가 들어 있다는 것이다. 이러한 현상은 암석, 강, 산맥, 하천,

해안선, 구름 등 자연계 곳곳에서 쉽게 찾아볼 수 있다.

일찍이 불가에서도 '일즉다 다즉일卽多 多卽一'(『화엄경』)이라고 했다. 이 말은 경우에 따라 다양하게 해석이 되겠지만 '하나가 곧 일체요, 일체가 곧 하나이다', 혹은 '하나는 수많은 전체를 포괄하고 있고, 전체는 개체를 비추고 있다' 등으로 해석할 수 있다. 또 작은 세포 하나에 인간의 전체를 구성하는 정보가 다 들어 있고, **온 우주의 정보가 하나의 티끌 속에 다 들어 있다**는 의미도 된다. 아주 작은 사물의 질서 속에 대자연의 질서가 응축되어 있어, 가장 작은 세계와 가장 큰 세계가 하나의 질서로 조화되어 만물이 살아 움직이고 있는 것이다.

프랙탈 이론으로 보면 자연의 변화 주기 중에서 가장 큰 우주의 변화도 작은 변화의 주기를 통해 그 비밀을 알수가 있다. 곧 인간의 삶에서 가장 기본이 되는 하루의 변

프랙탈 구조를 알 수 있는 고사리 사진. 작은 이파리 하나하나가 잎 전체의 모습과 똑같이 닮아 있다.(출처: EBS 수학, 숲으로 가다.)

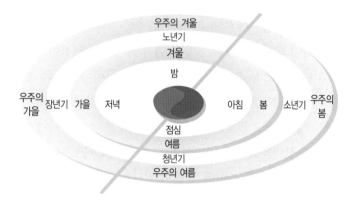

화 모습, 낮에는 열심히 일하고 밤에는 자야 하는 생명의
질서 속에 우주가 탄생한 이래로 이루어진 과거, 현재, 미
래의 모든 창조의 비밀이 압축되어 있는 것이다.

　과거 문명사에 나타난 질병의 정체와 함께 앞으로 대병
란이 필연적으로 올 수밖에 없는 개벽의 비밀이 하루 시
간의 운행 법칙 속에 다 들어 있다.(하루의 시간 변화, 지구 1
년의 시간 변화는 다음 쪽 특각주 참고)

우주도 사계절로 변화한다

　하루와 지구 1년을 넘어, 지구촌 병란의 역사와 앞으로
닥쳐 올 질병대란의 근원적 손길, 그 실체를 밝힐 수 있는
유일한 진리의 기본 틀인 '우주 1년'을 살펴보자.

시간의 열두 문, 십이지지 十二地支

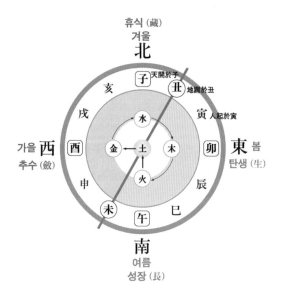

하루의 시간 변화

지금은 동서양이 모두 하루를 24시간으로 나누고 있지만, 5천여 년 전부터 동양에서는 십이지지十二地支[자축인묘진사오미신유술해子丑寅卯辰巳午未申酉戌亥]의 이치에 따라 하루를 열두 시간으로 정해서 사용해 왔다. ※

※ 십이지지는 공간 좌표이자 시간 단위이다. 또 십이지지는 우리가 잘 알고 있듯이 쥐, 소, 호랑이, 토끼, 용, 뱀, 말, 양, 원숭이, 닭, 개, 돼지 등 동물로도 상징된다.

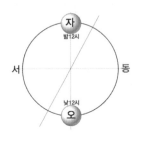

'천개어자天開於子 지벽어축 地闢於丑 인기어인人起於寅', 하루 시간의 기운이 처음 발동하는 때가 자시[오후 11시~오전 1시]이다. 그래서 '천개어자, 하늘은 자시에 열린다'라고 하는 것이다. 그리고 축시[오전 1시~3시]에는 땅 기운이 열리고, 천지의 아들딸인 사람 몸의 기운은 인시[오전 3시~5시]※에 열린다.

이 열두 시간 중 밤에서 낮[양]으로 바뀌기 시작하는 극의 시간인 밤 12시를 '자정子正'이라 하고, 낮에서 밤[음]으로 꺾어지기 시작하는 극의 시간인 낮 12시를 '정오正午'라 한다. 자정과 정오가 낮과 밤이 바뀌는 큰 마디다. 자오子午는 공간에서는 정남북을 가리킨다. 지구의地球儀를 보면 자오선이 있다.

※ 모든 생명은 인시에 일어나서 낮에는 열심히 일하고 저녁이 되면 돌아와 잔다. 인간 또한 자연(천지일월)의 품속에서 살아가므로, 인시에 일어나 천지 기운을 축적해서 새벽에 하루 생활을 시작해야 성공할 수 있고 건강한 몸과 마음, 영성을 가질 수 있다. 이 시간의 법칙을 어기면 건강이 무너진다.

지구 1년의 시간 변화

하루 동안 펼쳐지는 열두 개의 시간 문은 지구 1년에도 그대로 적용된다. 먼저 인묘진寅卯辰(오전 3시~9시)은 만물이 잠에서 깨어나 새 날을 시작하는 아침이다. 해가 뜨고 꽃망울

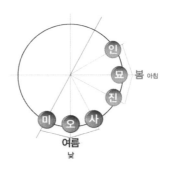

이 터지고 새들이 지저귀고 사람들은 부산하게 일터로 간다. 지구 1년에서 봄[음력 1~3월]이다[생生].

사오미巳午未(오전 9시~오후 3시)는 사람이 가장 활발하게 일을 하는 낮이다. 계절로는 산과 들에 온갖 초목이 무성한 여름철[음력 4~6월]이다. 양 기운이 천지에 충만하여 모든 생물의 생명력이 가장 강력해진다[장長].

이 성장의 시간이 지나면 성숙을 추구하는 시간이 온다. 신유술申酉戌(오후 3시~9시)는 해가 기울기 시작하여 완전히 어두워지는 저녁이다. 새가 보금자리를 찾아 돌아가고 사람도 집으로 돌아가 하루를 마무리한다[염斂]. 가을철[음력 7~9월]인 이때 들판에는 오곡이 무르익고 온갖 과일이 풍성하게 열린다. 생명의 씨앗, 핵이 형성되는 것이다. 이때 열매를 맺지 못하면 그 초목은 다음 해 봄이 와도 더 이상 새싹을 틔울 수 없다.

신유술의 시간이 다하면, 모든 생명은 활동을 멈추고 고요히 휴식하면서 에너지를 축장하는 해자축亥子丑(오후 9시~오전 3시)의 시간을 맞는다[장藏]. 하루 중에서는 밤이요, 계절로는 순환의 한 주기를 끝맺는 겨울[음력 10~12월]이다.

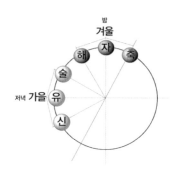

이것이 탄생[生], 성장[長], 수렴[斂], 휴식[藏]하는 1년 사계절의 변화 모습이다.

이 1년 사계절이 바뀌는 모습을 그려 보라. 봄이 되면 파릇파릇한 생명이 소생하면서 나비와 새가 날아들고, 여름이 되면 꽃이 만발하면서 이파리가 무성하게 하늘을 덮고, 가을이 되면 열매를 맺으면서 노랗고 붉게 물든 단풍이 산천을 수놓고, 겨울이 되면 하얀 눈이 신비롭게 대지를 뒤덮는다. 이 그림 같은 생명의 생성 변화가 바로 진리의 가장 아름다운 모습이다.

우주 1년은 인류가 지구상에 출몰하는 큰 주기이다.

하루의 아침[인묘진]에 해당하는 때가 우주의 봄철이다. 봄은 오행五行 원리로는 목木 기운이 왕성한 목왕지절木旺之節이다. 이때 지구상에 인간이 태어나고 문명이 태동한다. 지구상에 인간과 동물, 식물 등 수많은 생명체가 태어나는 것이다[生].

그런데 다윈의 점진적 진화론을 뒤엎은 하버드 대학의 S. J. 굴드 교수는 생물 화석을 조사한 결과 자연계의 생물종들이 일정한 시간이 되면 지구상에 폭발적으로 나타난다고 했다. 곧 진화의 중간 형태가 없이 처음부터 완벽한 형태로 나타나 쭉~ 평형으로 가다가 멸종하고, 또 일정한 시간이 되면 다시 폭발적으로 나타난다는 것이다. 그리고 진화도 점진적으로 이뤄지는 것이 아니라 단절된 채 휴면 상태에 들어갔다가 어느 순간에 갑자기 다른 종

인간과 자연이 걸어가는 네 박자 리듬, 생장염장

	생生	장長	염斂	장藏
음양	양		음	
하루	아침	점심	저녁	밤
지구 1년	봄	여름	가을	겨울
인생	유·소년기	청년기	장년기	노년기
우주 1년	우주의 봄	우주의 여름	우주의 가을	우주의 겨울

으로 발전한다고 한다. 이것이 '단속 평형 이론'이다. 굴드 교수가 말한 지구상에 인간과 만물이 폭발적으로 나타나는 때, 그때가 바로 우주의 봄철이다.

그리고 낮[사오미] 시간에 해당하는 우주의 여름철은 불[火] 기운이 강한 화왕지절火旺之節이다. 이때가 되면 인류도 수많은 종족으로 분화하고 인구가 증가하며 다양한 종교와 사상, 예술과 학문이 생겨난다. 창조의 경쟁을 함으로써 물질 문명 또한 극치로 발달을 한다[長].

저녁[신유술] 시간에 해당하는 우주의 가을은 금金 기운이 왕성한 금왕지절金旺之節로서 인간과 문명이 결실을 맺는 수렴의 시간이다. 봄여름 내내 인간을 길러온 **하늘과 땅이 인간 생명을 추수하여 거둬들인다**. 그리고 문명도 완전히 성숙하여 이전과는 차원이 전혀 다른 새 문명으로 극적인 대전환을 한다. 인류의 대통일 문명이 열리는 것이다[斂].

마지막으로 한밤중[해자축]에 해당하는 우주의 겨울은 물[水] 기운이 왕성한 수왕지절水旺之節이다. 이때가 되면, 만유 생명이 일체의 생명 활동을 멈추고 천지 부모와 함께 다음 우주 1년을 준비하며 기나긴 휴식을 취한다[藏]. 신비에 싸인 큰 겨울의 시간대인 이때가 바로 과학에서 주장하는 빙하기, 단절 평형 이론에서 말하는, 생물이 멸종되어 휴면하는 시간이다.

이러한 사계절의 특성은 서양인들도 똑같이 인식하였다. 생명이 싹트는 봄 'spring'은 '위로 튀어오르다, 샘솟다'라는 뜻이며, 여름 'summer'는 '불, 태양'이라는 뜻의 'sun'에서 온 것이다. 가을 'fall'은 본래 'fall of leaves, 나뭇잎들이 떨어진다'라는 말로, 거기에는 '떨어져서 흙으로, 근본으로 돌아간다'는 뜻이 함축되어 있다. 그리고 겨울 'winter'의 어원은 '물water'이다. 이렇게 우주는 생장염장하는 1년 사계절로 영원히 순환하는 것이다.

개벽이 오는 이유

그런데 이 사계절이 순환하는 과정에서 가을이 될 때는 피할 수 없는 충격과 대변혁의 문제가 발생한다. 오른쪽 표를 보면서 함께 생각을 해보자.

목木은 인간과 만물을 싹트게 하는 기운으로 봄을 낳고, 화火는 분열 성장시키는 기운으로 여름을 만들며, 금金은 만물을 성숙시키는 기운으로 가을을 창조하

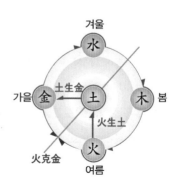

고, 수水는 폐장·휴식케 하는 기운으로 겨울을 이룬다. 그런데 이 네 가지 생명 기운만으로는 만물이 태어나지도, 자라지도 못하고 성숙해서 열매를 맺지도 못한다. 이것이 무슨 말일까?

우선 가을에서 겨울로 갈 때는 금생수金生水로, 우리 자신도 모르는 사이에 겨울이 되어 버린다. 물이 땅 속의 바위와 광물들[金]에 저장되어 있다가 흘러나오는 이치이다. 겨울에서 봄이 될 때도 수생목水生木, 나무가 물을 빨아들이며 자라듯이 그렇게 자연스럽게 넘어간다. 봄에서 여름으로 갈 때도 그렇다. 나무는 불이 붙으면 잘 타는 이치이다[木生火].

그런데 여름에서 가을로 갈 때는 **화극금**火克金으로 엄청난 충돌이 일어나게 된다. 쇳덩어리는 불을 만나면 녹아 버리기 때문이다. 여기서 피할 수 없이 대변국, 개벽이 일어나게 된다. 이때는 반드시 '토'가 개입을 하여 **화생토**火生土, **토생금**土生金으로 가야 한다. 불은 타고 나면 재(흙)가 되고, 또 흙에서 쇠가 나오는 이치이다. 토土는 목화금수, 이 네 가지 기운이 영원히 순환을 하면서 만물의 생명 창조 활동을 할 수 있도록 만들어 준다. 토는 음양의 상극을 조화시켜 주는 '변화의 본체' 기운인 것이다.

앞의 십이지지 도표를 보면 중앙에 토가 있는데, 이 **토**

가 바로 **우주의 통치자요 주재자이신 하나님의 자리**이다. 여름에서 가을로 갈 때는 '화생토', '토생금'으로 토 자리에 계시는 하나님의 손길을 반드시 거쳐야 하는 것이다.

12만9천6백 수로 순환하는 하늘·땅·인간

이 우주가 순환하는 큰 변화의 한 주기는 얼마일까? 우주 1년의 봄에서 여름 가을 겨울을 지나 다시 봄으로 돌아오기까지 12만9천6백 년이 걸린다.

12만9천6백 수數는 우주 변화의 비밀이 담긴 수다.* 마치 약속이라도 한 듯 하늘과 땅과 인간의 생명 운동에 똑같이 붙어 있는 상수常數이다. 상수란 영원히 변치 않는 수를 말한다. 이것이 무슨 말일까?

하루의 낮[양]과 밤[음]은 모든 변화의 기본 단위이다. 지구는 360도 자전을 하면서 하루라는 시간을 만들어 낸다. 이 자전 운동을 1년 360회 반복하면서 태양을 안고 공전하면, 지구가 원래 있던 자리로 돌아온다. 그러면 지구 1년 봄·여름·가을·겨울, 생장염장이 끝이 난다. 지구 1년의 순환 도수는 360도가 360일 동안 순환 반

* **12만9천6백 수.** 이 12만9천6백 수의 주기를 밝혀낸 인물이 천 년 전 중국 송나라의 대학자 소강절(1011~1077)이다. 소강절은 하늘의 명을 받아 천지 어머니의 자궁 문이 한 번 열렸다 닫히는 시간 12만9천6백 수를 알아냈다.

복하므로 12만9천6백 도이다. 그리고 우주 1년은 쉽게 이해하기 어렵겠지만 360년이라는 우주의 하루가 360회를 반복하여 12만9천6백 년이 된다. 마찬가지로 인간의 몸도 음양의 생명 운동을 한다. 혈맥 운동[陰, 맥박]과 기맥 운동[陽, 호흡]이 그것인데, 보통 건강한 사람의 하루 맥박수와 호흡 수를 합하면 평균 12만9천6백 회가 된다.

이렇듯 우주 1년도 12만9천6백 년, 지구 1년도 12만9천6백 도, 인체의 변화 도수도 12만9천6백 회다. 하늘과 땅과 인간이 똑같이 12만9천6백 수로 생명 운동을 한다. 그래서 예로부터 인간을 소우주라 하는 것이다.

우주 1년, 그 전모가 밝혀지다

이 '우주 1년' 의 전모를 누구나 알기 쉽게 이해할 수 있도록, 인류 역사상 처음으로 밝혀 주신 분이 계신다. 바로

천지와 인간의 동일한 순환 도수
天 · 우주의 일년 도수: 360년×360회 = 129,600년
地 · 지구의 일년 도수: 360도×360일 = 129,600도
人 · 인체의 하루 도수: (72+18)회×60분×24시간 = 129,600회
하루 맥박[음]수 : 72회/분×60분×24시간 = 103,680회
하루 호흡[양]수 : 18회/분×60분×24시간 = 25,920회
합계 129,600회

증산도의 안운산 태상종도사님이시다. 태상종도사님은
이렇게 말씀하셨다.

> 지구의 1년 사계절은 인간이 먹고살기 위해 초목농
> 사를 짓는 한 주기이고, 우주 1년 사계절은 하늘과
> 땅이 지구를 중심으로 인간농사를 짓는 과정이다.
> 우주는 다만 인간을 낳고 길러 성숙시키기 위해서
> 둥글어 가는 것이다.[*]

8 · 15 광복 다음 해인 1946년, 태상종도사님은 우주의
변화 이치인 '생장염장'을 한 장의 도표로 그려 주셨다.
그것이 우주 1년 도표이다.

그런데 사람들은 대부분 이 대자연이 '큰 사계절'로 변
화하는 이치를 전혀 모르고 있다. 서양에서는 우주에도
사계절이 있으며, 구체적으로 그 시간의 단위가 얼마이고
각 계절의 변화가 무엇인지, 그에 대해서는 전혀 몰랐다.
기독교에도 불교에도 유교, 도교에도 그런 가르침이 전혀
없었다. 그래서 곧 닥칠 질병대란의 실체를 알지 못하고
대비조차도 제대로 할 수가 없는 것이다.

과연 천지개벽이란 무엇이며 어떻게 오는지, 우주 1년
도표를 보면서 그 의문을 하나하나 풀어보기로 한다.

---

[*] 안운산 지음, 『천지의 도 춘생추살』, 상생출판, 2007.

하늘 변화의 큰 마디, 선후천 개벽

지구 1년도 선천과 후천으로 돌아가고 우주도 선천과 후천이 번갈아 열리면서 둥글어 간다. 봄이 열리는 것이 선천개벽이고 가을이 열리는 것이 후천개벽이다.

● 선천에도 개벽이 있고 후천에도 개벽이 있느니
   라. (11:122:1)

선천과 후천의 변화는 그 성격과 양상이 완전히 다르다. 선천은 양도陽道로 변화하고 후천은 음도陰道로 변화한다. 양도 변화는 전부가 생명을 쏟아 내는 것이다. 역동적

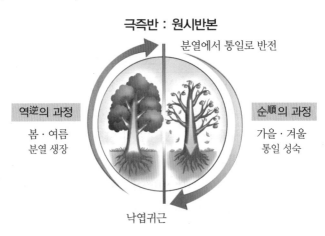

극즉반 : 원시반본
분열에서 통일로 반전

역逆의 과정
봄 · 여름
분열 생장

순順의 과정
가을 · 겨울
통일 성숙

낙엽귀근

분열 · 통일하며 순환을 반복하는 대자연

으로 생장하고 분열하면서 기운이 안에서 밖으로 뻗쳐 나간다. 반면에 음도 변화는 생명을 거둬들이는 변화로, 기운이 밖에서 안으로 수렴되어 들어온다. 선천 봄개벽 이후 성장 분열하던 대자연의 질서가, 가을이 되면 천지에서 모든 생명을 거두어 수렴하는 질서로 확 뒤집어진다. **극즉반**極則返하는 것이다.

그 예로써 나무가 변화하는 모습을 살펴보자. 봄이 되면 기운이 뿌리에서 가지로 올라간다. 싹이 트고 꽃이 피면서 여름철이 되면 가지와 잎들이 무성하게 우거져 하늘을 덮는다. 그런데 가을이 되면 거꾸로, 기운이 가지에서 뿌리로 내려간다. 모든 수기水氣가 뿌리로 돌아가면서 나뭇잎은 시들어 떨어지고 열매만 남는다.

우주 1년 사계절 개벽 가운데 가장 크고 중요한 변화의 마디가 이 **'선후천 개벽'**이다. 그런데 선천개벽은 인류가 지상에 출현하기 이전의 사태이고, 후천개벽은 인간이 지상에 살면서 맞이해야 하는 가을철의 대변혁이다.

모든 종교에서 말하는 인간론, 신관, 자연관, 구원론 등 모든 진리의 주제가 바로 이 '진리의 총 결론'인 우주 1년 사계절, 특히 우주의 선후천관에 있다.

인간농사 짓는 우주 1년
12만 9천 600년

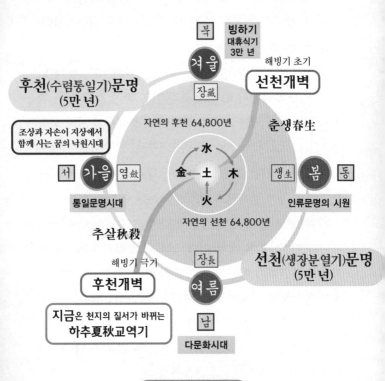

북

빙하기
대휴식기
3만 년

겨울

장藏

해빙기 초기
선천개벽

후천(수렴통일기)문명
(5만 년)

자연의 후천 64,800년

춘생春生

**조상과 자손이 지상에서
함께 사는 꿈의 낙원시대**

水
金—土—木
火

서 가을 염斂

생生 봄 동

통일문명시대

자연의 선천 64,800년

인류문명의 시원

추살秋殺

해빙기 극기

선천(생장분열기)문명
(5만 년)

장長

후천개벽

여름

**지금은 천지의 질서가 바뀌는
하추夏秋교역기**

남

다문화시대

선후천 우주 1년

인류 문화사에서 선·후천관은 우주 통치자의 우주론이 담긴 한민족의 문화 원전 『도전道典』에서 완성되었다.

우주의 법칙 : 춘생추살

이러한 선후천 개벽 현상을 한마디로 **춘생추살**春生秋殺이라 한다. 춘생, 봄은 낳고 추살, 가을은 죽인다는 뜻이다. 우주의 봄개벽 때 처음 생겨난 인간은 여름철까지 그 수가 폭발적으로 증가해 나간다. 그러다 여름철 말이 되면 천지에 인간 세상의 성장과 분열을 한순간에 정지시키는 손길이 들어온다. 그것이 바로 추살 기운으로 가을 천지가 내뿜는 서릿발 기운이다.

- 천지의 대덕大德이라도 춘생추살의 은위恩威로써 이루어지느니라. (8:62:3)

선천 봄에는 천지에서 인간을 낳고, 후천 가을에는 일제히 죽인다! 선천개벽이 되면서 인간이 태어나는데, 후천개벽은 천지에서 그동안 길러 온 인간 생명을 거둬들인다! 가을철 서릿발 기운이 몰아쳐 지구촌 전 인류의 명줄이 가을 우주의 문턱에서 일제히 끊어지면서 동시에 인간 씨종자가 추려지는 것이다.

'춘생추살', 이것은 영원히 변치 않는 대자연의 변화 법칙이다. 이로 인해 사시로 변화하는 천지 질서 속에서 질병대란이 오지 않을 수 없는 필연적인 환경이 조성되는 것이다.

지금은 가을철로 들어서는 때

독자들도 이미 짐작하고 있겠지만 물이 고갈되고, 기상
이변으로 지구가 몸살을 앓고, 인류가 질병대란과 멸종의
위기를 맞고 있는 지금은 우주가 추살의 후천개벽을 앞둔
여름철 말이다. 〈시간의 열두 문〉 도표로 볼 때, 미未에
와 있다.

지구 1년에서도 가을이 되기 직전 음력 6월(양력 7~8월)
이 가장 더운 것처럼, 지금은 우주 1년 중에서 가장 더운
때이다. 불과 몇 년 사이에 남북극의 빙하가 다 녹아내리
고 머지않아 지구상의 빙하가 사라질 위기에 놓인 것도
바로 이 때문이다.

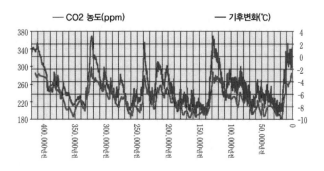

약 10만 년의 주기를 보여주는 빙하 분석 그래프

1998년 남극의 보스톡 기지에서 3,623m 깊이까지 얼음기둥을 시추했
다. 이것을 분석한 결과, 지난 42만 년 동안 4번의 빙하기와 간빙기가
반복되었다는 사실이 밝혀졌다. (J.R.Petit, *Nature*, 1999.)

* **티핑 포인트.** 물리학 용어. 99도에서 1도만 올라가면 물은 기체로 상태 변화를 일으키기 시작한다. 이렇게 '균형이 깨지는 극적인 변화의 시작점'을 말한다.
사회학에서는 '작은 변화로 인해 예기치 못한 일이 폭발적으로 일어나는 순간'을 표현할 때 티핑 포인트라 한다.

종잡을 수 없는 이 기후 변화에 대해 미국의 제임스 한센 박사는 '기후 변화의 티핑 포인트Tipping Point*가 다가오고 있다'라고 했으며,※ '가이아 이론'을 창시한 제임스 러브록은 지구 온난화를 막기에는 이미 늦었다며 이제는 다가올 변화에 적응하고 대비해야 한다고 했다.

지금까지 기후학자들은 지구 온난화의 원인을 대부분 산업화로 인해 방출되는 이산화탄소 때문이라고 말해 왔다. 그러나 이에 대해 최근 새로운 의견이 제기되었다. 지구 온난화는 인간의 행위만이 아니라 대자연의 변화 현상 때문에도 일어난다는 것이다. 즉 '추워졌다 더워졌다 하는 지구의 주기적인 변화'가 그 원인이라는 것이다.※※ 이런 생각은 지금까지 살펴본 동양의 사고와 부합하는 것이다.

지구 온난화는 바로 이 우주가 봄철을 거쳐서 '여름철

※ 앨 고어 지음, 김명남 옮김, 『불편한 진실』, 좋은생각, 2006, 재인용.
※※ 기후학자 로이 스펜서는 『기후커넥션』에서 "지금 우리는 더워지는 시기에 살고 있고, 지구 온난화는 자연현상의 일부"라고 기술하였다. 인간이 배출한 온실가스 뿐 아니라 자연의 변화를 함께 살펴야 한다는 것을 알 수 있다.

의 마지막 시간대, 가장 뜨거운 염열炎熱의 극기 시간대'를 지나고 있기 때문에 일어나는 현상인 것이다.

선천은 상극의 세상

그러면 가을철로 들어가는 이때, 대자연과 인간이 총체적으로 병들어 지구촌에 질병대란을 일으키는 근원적인 원인은 무엇일까?

본래 대자연과 그 안에서 태어나 살아 가는 인간 삶의 목적, 가장 아름다운 가치가 수화[음양]의 조화이다. 그런데 선천개벽으로 우주 1년의 봄이 시작될 때, 천지의 중심축이 동북으로 기울어짐으로써 지축 또한 양의 방향인 동북쪽으로 기울어졌다. 이렇게 해서 양 기운이 음 기운을 능가하면서 천지에 상극相克 질서가 들어온 것이다. **상극**이란 '서로 극한다, 경쟁한다, 극복한다, 제어한다'는 뜻으로, **선천 세상의 창조와 성장의 법칙**이다.

지구 1년의 봄에 초목의 씨앗이 차가운 대지를 뚫고 올라와 싹을 내고 여름철까지 꽃을 피우듯, 우주의 봄여름에는 인간과 만물이 무수히 생겨나 수많은 종족으로 분화하고, 서로 경쟁을 하면서 다양한 문화를 꽃피우며 살아왔다. '아이들은 싸우면서 큰다'는 말처럼, 선천 세상에는 자연도 인간도 문화도 상극의 투쟁 속에서 생장生長이 이루어졌다. 실제로 홍수, 지진, 화산폭발, 가뭄 등 자연 환경에서 오는 갖가지 도전과 어려움을 이겨내는 과정에서 인류는 새로운 도구와 기술을 개발해 온 것이다.

그런데 앞에서도 강조했듯이, 자연과 인간은 본래 하나이다. 지축이 기울어져서 만물이 양 중심의 환경에서 성장 변화를 하다 보니 격렬한 경쟁과 투쟁으로 일관해 왔다. 그래서 인간의 의식도 양 중심[억음존양]이 되어, 하늘 중심, 남성 중심, 승자勝者 중심으로 역사가 전개되었다. 자연의 상극 질서에서 태동한 인류 문명이 우승열패, 약육강식 등 강자 중심의 문화로 발달을 해 온 것이다. 그 결과 선천의 인류 역사는 한마디로 서로 빼앗고 뺏기는 전쟁의 역사였다. 역사에서 전쟁 없는 날이 단 며칠에 지나지 않는다. 지금 이 순간에도 중동 지역에서는 피를 부르는 전쟁이 계속되고 있지 않은가.

그리하여 선천에는 생명을 압살하는 억압, 피로 얼룩진 전쟁과 보복이 무수한 원한을 불러 왔다. 선천 세상에는 이러한 원과 한의 살기, 어둠, 악의 세력이 있다. 상극 질서 때문에 선천 문명은 무한히 성장·발전을 해 왔지만, 그 이면을 영적으로 들여다보면 악마의 세계가 되어 버렸다. 상극은 양 운동으로 인간과 만물을 낳는 선천의 대자연 질서인데, 그 상극의 기운과 그늘 속에서 결국 인간 세

삶의 터전을 잃은 북극곰의 눈물

상은 멸망의 위기에 이르게 된 것이다.

피할 수 없는 질병대란

질병대란은 바로 선천 세상을 살다 간 모든 인간의 악업과 원한 때문에 일어나는 것이다. 즉 자연 생태계를 마구 파괴하고, 인륜과 천륜을 짓밟고, 동물들을 학대하고, 남을 음해하고 죽인 숱한 악행에 대한 업보와, 선천 5만 년 동안 묵은 천지신명들의 원한이 우주 가을의 환절기를 맞아 일시에 폭발하는 대이변이다.

- 선천의 모든 악업惡業과 신명들의 원한과 보복이 천하의 병을 빚어내어 괴질이 되느니라. … 선천의 모든 악업이 추운秋運 아래에서 큰 병을 일으키고 천하의 큰 난리를 빚어내는 것이니, 큰 난리가 있은 뒤에 큰 병이 일어나서 전 세계를 휩쓸게 되면 피할 방도가 없고 어떤 약으로도 고칠 수가 없느니라. (7:38:2~6)

그리하여 오늘의 인류가 살고 있는 여름의 극점은 바로 학자들이 말하는 크래시 타임crash time이다. 즉, 모든 것을 무화시키려고 하는 부정적이고 파괴적인 죽음의 에너지가 총체적으로 폭발하는 때다. 인류 문명 또한 모든 분야에서 총체적으로 무너지고 만다.

천지의 질서를 바꾸어 주시는 그 '한 분'이 오신다

그렇다면 어떻게 해야 대병란에서 살아남을 수 있을까? 천지에서 다 죽이는 이때, 살길은 어디에 있는가?

장차 일어나는 천하의 대병은 선천 성자들의 가르침으로 극복할 수 있는 상황을 이미 넘어섰다. 기존의 선천 문화에는 그에 대한 올바른 법방이 없다. 그 병은 공자, 석가, 예수를 비롯한 성인들의 도법과 가르침, 깨달음과 희생의 공덕으로 치유될 수 있는 것이 아니다. 우주의 창조

추살의 섭리, 화극금火克金

가을개벽은 여름철 말의 더운 불 기운[火氣]과 초가을의 차가운 금 기운[金氣]이 서로 부딪히는 상극 작용[화극금火克金] 때문에 일어나는 것이다. 그리고 이 때 선천 5만 년 동안 누적된 원한의 불 기운이 우주의 환절기에 가을개벽의 서릿바람을 타고 대거 발동하여 대병란을 일으킨다. 그리하여 지상의 인간은 누구도 예외 없이 '한순간에' 목숨이 떨어지게 되어 있다. 이것이 선천 여름철의 끝자락에서 살아가는 '인간의 비극'이다.

선천 상극 세상의 **재앙**

이법을 전혀 모르고 조상을 박대하며 오직 마음을 닦는다거나, 사랑과 자비를 베풀라는 설교만으로는 해결될 수가 없다. 그것은 이미 2천 년, 3천 년 전 옛 이야기이고, 우리에게는 인류의 모든 문제를 근원에서부터 끌러내 줄 수 있는 새 이야기가 필요하다.

이제는 봄여름의 성장 문화를 뛰어넘어, 천지 질서를 다스리는 무한한 도법으로 천하의 대병을 치유하고 가을의 성숙한 대통일 문화를 열어주는 분이 오셔야 한다. 질병대란은 이번 우주 1년에서 대자연의 시간이 새로운 계절을 맞이하는 변화 속에서 오는 병이기 때문이다. 그래서 이때는 천지와 인간 내면의 모든 병을 치유해 주실 수 있는 분, 바로 대우주의 살림살이를 맡아 주관하시는 **하늘땅의 참주인, 즉 천주님**이 오실 수밖에 없는 것이다. 그분이 바로 '화극금'의 추살 개벽에서 '화생토', '토생금'으로 상생의 다리[土]를 놓아 인류를 건져 주시는 분이다.

그분은 과연 누구이며, 어떻게 질병대란에서 세상을 건지는 구원의 역사를 펼치셨는지, 이제 그 장대한 이야기 속으로 들어가 보자.

질병대란은 대자연의 시간이 여름에서 가을로 들어서는 변화 속에서 오는 병이다. 가을개벽으로 대자연과 문명의 틀이 완전히 바뀌고 전 인류는 한 사람도 예외 없이 생명줄이 끊어진다. 이때는 오직 이 우주의 질서를 맡아 다스리시는 그 '한 분'이 오셔야 한다.

병든 천지를 고쳐 주시는
'한 분'의 강세

예수를 믿는 사람은 예수의 재림을 기다리고,

불교도는 미륵의 출세를 기다리고,

동학 신도는 최수운의 갱생을 기다리나니,

누구든지 '한 사람'만 오면

각기 저의 스승이라 하여 따르리라.

(『도전道典』2:40:1~4)

역사는 인간에 의해 만들어지고 새로워진다. 특히 탁월한 한 지도자의 손길에 의해 역사의 흐름이 좌우되어 왔다. 때문에 항상 그 '한 사람'이 중요하다.

지금은 병든 상극 역사가 완전히 청산되고 새 천지가 열리는 대전환의 시대다. 이때는 '한 분'이 인간으로 오셔서 자연과 문명과 인간을 총체적으로 개벽시켜 주신다.

그 '한 분'에 대해 수천 년 동안 하늘의 입노릇을 한 성자와 영지자들은 무엇이라고 외쳤던가?

1. 동서양 성자와 영지자들의 '한 분' 소식

불교, 미륵불의 강세를 전하다

석가부처는 질병겁이 일어나는 그때 '도솔천의 천주이신 미륵부처님이 동방의 나라에 강세하신다'고 하면서 미륵불을 '병든 세계를 고쳐 주시는 **대의왕**大醫王'이라 하였다.(『화엄경』) 미륵불께서 장차 인간 세상에 오셔서 병든 대자연과 인간을 깨끗이 치유해 주시기 때문에 대의왕이라한 것이다.

미륵불을 연구해 온 알란 스펀버그A. Sponberg는 미륵불을 미래불the Future Buddha이요, **혁신불**이라고 하였다. 곧 장차 오실 미륵불은 '파괴되고 병든 모든 것을 새롭게 고쳐 주시는 분'이라는 말이다.

불가에서는 장차 미륵불께서 오시어 무궁한 조화권으로 병든 대자연과 인간의 모든 것을 바로잡아 새롭게 열어주시는 지상낙원을 **용화**龍華 **세계**라고 부른다.

기독교에서 전하는 신천지 소식

불교에서 전한 '대의왕 소식' 을 기독교에서는 병든 천지와 인간을 구원하여 새롭게 여시는 아버지 하나님의 '새 하늘 새 땅' 소식으로 전하고 있다.

이 세상의 모든 고통과 불행을 건져 주시는 아버지 하나님께서는 '천지가 병들었다, 이 우주가 병들었다' 고 하시며 '천지를 새롭게 만들어야겠다' 고 하셨다. 그리하여 사도 요한을 천상 궁전으로 불러 올리시고 이렇게 말씀하셨다.

보라, 내가 만물을 새롭게 만드노라. (「요한계시록」 21:5)

병든 하늘과 땅 자체부터 완전히 새로 태어나 '새 출발을 해야' , 인간의 원죄와 타락의 비극을 완전히 종식시킬 수 있다는 것이다. 아버지 하나님께서 신앙의 경계를 넘어 이 세상 인간의 크고 작은 모든 병과 인류가 극복해야 할 숱한 난제를 근본적으로 해결해 주시는 놀라운 구원 소식, 이것이 바로 신천지 선언이다.

하늘과 땅과 인간이 새로 태어난다!

하늘 · 땅 · 인간, 우주 삼계가 완전히 거듭난다!

이 '새 하늘 새 땅' 소식을 전한 기독교 구원론의 원본 「요한계시록」은 사도 요한이 하나님의 보좌 앞에 가서 직접 보고 들은, 아버지 하나님께서 당신의 왕국을 여시는 상황에 대해 기록한 것이다.

> 내가 새 하늘 새 땅을 보니, 처음 하늘과 처음 땅은 사라지고, 바다도 더 이상 있지 아니하더라.(『요한계시록』 21:1)

전쟁과 역병 끝에 오는 아버지 하나님의 신천지는 천지와 인간 세상의 모든 병적 요소, 즉 불평등과 부조화, 모순과 죄악, 갈등이 완전히 치유되고 하늘과 땅과 인간이 새롭게 태어나는 세상이다. 바로 그 위에 하나님의 왕국이 건설되는 것이다. 이것이 바로 불가에서 말하는 '대의 왕 미륵불이 여시는 용화 세계'인 것이다.

유교의 결론

유교에서는 천지가 뒤집어지는 거대한 충격의 대변화 속에서 천지의 주인이신 한 분이 오신다고 했다.

공자는 "제출호진帝出乎震"(『주역』「설괘전」)이라 하여, 제帝(제는 본래 '하나님 제, 상제님 제' 자다), 곧 상제님께서 인류의 모든 병과 구원 문제를 해결해 주시기 위해 **'동방 땅에 오신다'**고 하였다. 이것이 『주역』의 결론으로서, 공자가 인류 구원의 소식으로 전한 가장 멋진 말이다.

그리고 동서양 성자들의 모든 꿈이 성취되는 새 세상이

동북아의 한반도에서 이루어진다는 천도의 이법을 다음과 같이 전하였다.

> 간艮은 동북지괘야東北之卦也니 만물지소성종이萬物之所成終而소성시야所成始也일새 고故로 왈曰 성언호간成言乎艮이라. (『주역』「설괘전」)

팔괘에서 '간'은 동북방을 말한다. 이것은 '동북방은 만물의 변화가 매듭지어지고 새로운 시작이 이루어지는 곳이니 그러므로 모든 하늘의 말씀이 동북방(간)에서 이루어진다'는 뜻이다. 곧 모든 병란은 물론, 정치·경제·문화 등 세계사적 사건의 소용돌이가 동북아의 이 땅에서 수렴되어 종결되고, 여기서 다시 문명이 새롭게 시작된다는 말이다. '인류 문명사의 구조와 틀이 바뀌는 큰 운세가 간방인 동북아 한국으로 거세게 몰려온다. 동서양 성자들 가르침의 총 결론인 **질병대란의 근본적인 해결책이 간방, 동북아 조선(한국)에서 나온다**'는 것이다. 이것을 간艮 도수라 하는데, '도수度數'란 알기

'간'방은 동북방이고 동북방은 바로 우리나라야. 인류역사는 간방에서 열매를 맺고 간방에서 시작하는데, 문명이 무르익을 때가 되면 상제님께서 직접 간방땅으로 오시는 거야.

아하~ 그게 그렇구나!

성언호간

쉽게 말하면 '미리 짜인 프로그램'이라는 뜻이다.

기독교에서 말한 '천지가 새로 태어나 신천지로 바뀌는 거대한 변혁, 인간의 상상을 초월하고 인간이 한 번도 체험해보지 못한 우주적인 변화와 함께 천지에서 죽이는 병'이 올 때, 즉 불가에서 말한 '하늘의 별들의 질서가 바뀌면서 칼과 함께 역병'이 올 때, 이를 해결해 주시는 우주의 통치자께서 '해 돋는 동방 땅', '간방'으로 오신다는 것이다.

이에 대해 영지자들 역시 동서양 성자들과 마찬가지로 '한 분'이 오셔서 인류를 건지신다는 희망의 소식을 전하였다.

영지자들이 전한 한소식

노스트라다무스는 이러한 '질병과 전쟁'을 해결하러 오시는 분에 대해 다음과 같은 신비로운 구원의 메시지를 선포하였다.

위대하시고 영원한 하나님은 '변혁'을 완수하기 위해 오실 것이다. (Le grand Dieu éternel viendra parachever la révolution.) (「아들에게 보내는 편지」)

또한 남사고는 인류 구원을 위해 인간으로 오시는 이 하나님 소식을 어떤 성자나 철인보다 더욱 구체적으로 전하고 있다.

> **이 때는 천지가 뒤집어지는 시대**이니 **'하나님이 사람으로**
> **내려오는 때'** 인데, 어찌 영원한 생명이 있음을 모르
> 는가.
> 고통의 바다에 빠진 중생들이여 빨리 오소. **'상제**上帝
> **님'** 이 후박간厚薄間에(후한 사람이건 박한 사람이건 빈부
> 귀천을 가리지 말고) 다 오라네. (『격암유록』, 「궁을도가」)

여기서 남사고는 하나님을 도교와 유교에서 불러 온 상
제님이라 표현하였다. 왜 하나님을 상제님이라고 불렀을
까? 그것은 동방 땅에 살아 온 한민족이 고대로부터 불러
온, 하나님의 본래 호칭이 '상제' 이기 때문이다.

남사고는 또 이때 살기 위해서는 산에 들어가지 말고
하산하여 **'소울음 소리'** 를 찾으라고 했다.

> 나를 죽이는 것은 누구인가. **소두무족**小頭無足이 그것
> 이라. 나를 살리는 것은 무엇인가. 도를 닦는 것[修
> 道]이 그것이라. … **소울음 소리**를 먼저 내는 자가 살
> 수 있으리라. (『격암유록』, 「말운론」, 「격암가사」)

이렇듯 동서양을 대표하는 영지자들은 이구동성으로,
앞으로 질병대란에서 인류를 건져 주시는 하나님이 오신
다는 소식을 전했다. 성자들이 전한 메시지보다 훨씬 구
체적인 점이 매우 돋보인다. 하지만 이들도 성자들과 마

찬가지로 그분이 누구인지 상세히 밝혀 주지는 못하였다.

그런데 유불선 성자와 철인들이 전한 우주의 질서가 바뀌는 병란에서 인류를 구원하는 그 '한 분'에 대한 구체적인 한소식이 역시 **동학의 창시자 수운**水雲 **최제우**崔濟愚에 의해 전해졌다.

2. 동학東學에서 전하는 '한 분' 소식

천주님의 성령으로 도통 받은 최수운

동아시아에 서구 문물이 유입되기 시작하면서 동서 문명이 본격적으로 충돌하던 19세기, 동방에 위치한 조선 왕조는 안으로 무능한 조정과 벼슬아치들의 횡포, 잦은 자연 재해, 그리고 밖으로는 기독교를 앞세운 서양 제국주의 세력의 위협 때문에 크나큰 위기를 맞고 있었다. 이렇듯 암울한 시대에 동방의 조선 경상도 땅 몰락한 선비

경주 용담정 전경.
수운은 구미산 자락 용담정에서 49일 수도 끝에 1860년 음력 4월 5일, 상제님의 성령을 친견하고 동학을 창도했다.

집안에서 한 인물이 태어났다. 이분이 바로 수운 최제우이다.

수운은 어려서부터 세상에 아무런 희망이 없음에 방황하다가, 이 시대 민중에게 빛을 열어 주는 '새로운 도를 일으키겠다'는 서원을 세웠다. 구도 생활에 매진하던 수운은 1859년 10월에 다시 발심을 하고 경주 용담정에 들어가면서 '천주를 친견하기 전에는 세상에 나서지 않겠다'는 다짐으로 생사를 걸고 기도에 정진하였다.

이듬해 37세 되던 1860년 음력 4월 5일, 날마다 세 번씩 청수를 올리며 일심으로 기도하던 수운은 마침내 지존하신 천주님으로부터 성령으로 도통과 천명天命을 받았다.

수운이 기도를 올린 천주님은 누구신가? '천주'는 '하늘의 주인'이란 뜻이다. 수운의 기도를 받으신 그 천주님이 성령으로 나타나셔서 이렇게 말씀하셨다.

> 두려워 말고 겁내지 말라. 세상 사람들이 나를 상제
> 上帝라 이르거늘 너는 어찌 상제를 모르느냐.
> 曰 勿懼勿恐하라. 世人이 謂我上帝어늘 汝不知上帝耶아.
> (『동경대전』「포덕문」)

천주님이 "나는 상제다"라고 하셨다.

'나는 예로부터 세상에서 받들어 온 상제다.'

이것은 '기독교에서 말하는 천주, 천지의 주인, 온 우주

의 통치자가 상제다', '내가 바로 그 상제다' 라는 말씀이다. 서양 기독교에서 모시는 천주님과 예로부터 동방 문화에서 하나님으로 불러 온 상제님이 같은 분이라는 것이다. 하늘도 하나요, 땅도 하나다. 그렇듯이 **'천지의 주인'**은 **'한 분'**이며, 그분이 상제님이라는 말씀이다.

이 문제에 대해 독자들도 한번 생각을 해 보자. 동서양 성자들이 말하는 하나님이 만일 서로 다른 분이라면 인류에게는 아무런 희망이 없다. 각기 다른 교리로 다른 구원의 법방을 고집하고 있는데 어떻게 인류 보편의 구원이 이루어질 수 있겠는가.

이때 상제님은 "너는 어찌 상제를 모르느냐?"고 수운을 꾸짖으셨다. 이것은 비단 수운뿐만이 아니라, 진리의 까막눈이 되어 상제님이 천지의 원 주인이라는 것을 알지 못하는 지상의 모든 인간을 꾸짖으시는 말씀일 것이다.

수운이 전한 구원의 최종 결론은 다음의 '한 소식'에 들어 있다.

> 유도 불도 누천년에 운이 역시 다했던가.(『용담유사』, 「교훈가」)
> **무극대도 닦아내니 '오만 년지 운수' 로다.**(『용담유사』, 「용담가」)

본래 종교의 주요 기능 가운데 하나가 인간의 마음과 영혼의 문제를 해결해 주는 것이다. 지난날 기성 종교들도 나름대로 인류의 삶과 영적 구원에 헌신해 왔다. 그러나 그들의 가르침은 3년 괴질의 병란 개벽으로 인류 역사가 완전히 새롭게 된다는 것은 전하지 못했다. 그렇기 때문에 그들의 가르침으로는 앞으로 올 질병대란을 다스릴 수 없는 것이다.

수운은 이 괴질과 함께 오는 '다시 개벽'이 오직 무극대도로써만 극복이 가능하다고 하였다. 무극대도란 조화가 무궁한 천주님, 즉 상제님의 도법을 말한다. 수운의 메시지에는 '상제님의 도법을 잘 닦으면 구원을 받아 5만 년 새 운수 속에서 살 수 있다'는 희망의 소식이 담겨 있다.

수운이 전한 '시천주侍天主'의 뜻

그러면 상제님께서 수운에게 내려 주신 구원의 가르침은 무엇이었을까?

상제님은 수운에게 '주문呪文을 받으라! 천하창생을 이것으로 가르쳐라!' 하고 명하시며 **시천주侍天主 주문**을 내려 주셨다. 상제님의 구원의 가르침은 이 '시천주'에 핵심이 들어 있다.

'시천주'의 시侍는 '모실 시'자로서 '시천주'란 '인간으로 오시는 천지의 주인, 곧 상제님을 모셔야 한다'는 뜻이다.

상제님이 인간으로 오신다! 바로 '성자들을 내려 보낸

侍天主造化定永世不忘萬事知至氣今至願爲大降

侍天主造化定永世不忘萬事知至氣今至願爲大降

시천주조화정영세불망만사지지기금지원위대강

시천주 주문

우주의 원 주인[천주]이 오신다, 그분을 잘 모시면 질병대란에서 구원을 받는다' 는 것이다.

동방 문화에서는 그 하늘의 주인, 우주의 통치자, 우주의 경영자, 우주의 주권자, 그분을 한자어로 상제上帝님이라고 했다. 불교에서 말한 도솔천의 천주, 기독교에서 말한 아버지 하나님, 도교와 유교에서 말한 상제님, 이분을 아울러 한마디로 상제님이라고 한 것이다.

앞으로 상제님께서 직접 인간으로 오시어 온 인류가 천주를 모시는 새 문명 시대가 열린다는 것, 이것이 '시천주' 의 핵심 메시지이다.

그리고 '시천주조화정' 은 동학이 인류에게 전한 가장 위대한 희망과 구원의 소식이다. 이것은 '지극한 정성을 잠시라도 잃지 않고 인간으로 오시는 천주님을 잘 모시면 조화가 열린다(내린다)' 는 뜻이다.

'조화가 열린다' 는 것은 첫째, 전 인류를 쓸어 내는 대병란이 세계를 덮치면서 동시에 새 세상이 열리는 개벽 상황에서 상제님의 조화권을 전수 받아 구원을 받는다는 것이다. 둘째, 이 세상 진리에 대한 의혹이 완전히 풀린다, 곧 경험을 통해서 얻어지는 세상의 지식[상대지, relative knowledge]을 넘어서서 모든 것을 다 아는 **만사지**萬事知 [절대지, absolute knowledge]의 은혜를 받는다는 것이다. 만사지는 나와 우주가 하나가 됨으로써 아는 하나님의 지식이다.

이것이 바로 동학이 선언한 본래 메시지이다.

그런데 3대 교주 손병희에 이르러 동학이 천도교天道敎로 바뀌면서 '시천주(인간으로 오시는 천주님을 모셔라!)'는

왜곡된 동학 메시지

첫째, '시천주'의 상제관을 왜곡하였다. '시천주'를 '마음속에 하늘을 모시고 있으므로 인간이 가장 존귀한 존재(인내천)'라고 바꾸어 버렸다. 그리하여 상제님이 천주님이라는 사실이 부정되었다.

둘째, 상제님의 진리인 '무극대도無極大道'가 나온다는 사실이 왜곡되었다. 무극대도는 상제님이 인간으로 오셔서 후천 5만 년 새 문화를 여시는 가을개벽 진리이다. 그런데 이것을 최수운이 갱생한다고 알고 있다.

셋째, '아동방 3년 괴질 대란'에 대한 왜곡이다. 가을 대개벽기에 괴질병은 3년 동안 전 세계를 휩쓸어 인류의 생명 줄을 모두 끊어 버리고 기존의 문화, 질서, 제도 등을 총체적으로 개벽하여 상제님의 가을 우주 문화를 여는 가교이다. 따라서 이때는 상제님의 대도를 만나야 새 생명의 길을 찾을 수 있다. 그런데 이러한 메시지가 완전히 사라졌다.

없어지고 '사람이 곧 하늘이다'라는 인내천人乃天이 자리하게 되었다. 이렇게 동방 땅에 인간으로 오시는 천지의 참 주인, 상제님을 극진히 모셔야 한다는 '시천주'의 주제가 사라져서 결국 그 주인공인 상제님을 잃어버리고 동학의 본래 사명도 왜곡되어 버렸다.

3. 상제님은 누구이신가?

온 인류의 하나님이신 상제님

불교에서 말한 천지 의사인 '대의왕', 기독교에서 부르짖은 아버지 하나님, 유교와 도교에서 외친 상제님께 친히 성령을 받은 동학의 최수운은 '시천주' 메시지를 통해, 하늘보좌를 떠나 지상에 오시는 상제님 소식을 전하였다.

상제님은 과연 어떤 분이실까?

'상제' 란 **'천상의 하나님'**, '천상 보좌에서 하늘과 땅과 인간, 삼계 우주를 통치하시는 하나님'을 말한다. 보통 제帝 자를 임금님 제 자로만 알고 있는데, 본래는 하나님 제 자다. '상제'는 예로부터 동방 땅에서 하나님을 부르던 본래 호칭이다. 그리고 상제님이 계시는 천상의 수도를

'옥경玉京'이라 하고, '천상 옥경에 계시는 상제님'을 옥황 상제님이라고 한다.

> • 예수를 믿는 사람은 예수의 재림을 기다리고, 불
> 교도는 미륵의 출세를 기다리고, 동학 신도는 최
> 수운의 갱생을 기다리나니, '누구든지 한 사람만
> 오면 각기 저의 스승이라.' 하여 따르리라. … 공
> 자 석가 예수는 내가 쓰기 위해 내려 보냈느니라.
> (2:40:1~6)

공자 석가 예수는 내가 쓰기 위해 내려 보냈느니라! 곧 그동안은 천상에 계시면서 당신의 대행자인 성자들에게 인간을 교화하라는 천명을 주어 내려 보내셨다는 말씀이 다. 그런데 이제 때가 되어 상제님께서 친히 오셨다!

그러므로 상제님은 불교, 유교, 기독교만의 하나님이 아니다. 한민족이나 중국인, 또는 서양 사람만의 하나님 도 아니다. 상제님은 **온 인류의 하나님**이시다.

신미(1871)년 음력 9월 19일, 대우주의 통치자이신 상제 님께서 마침내 동방의 작은 나라 조선 땅, 전라도 고부군 우덕면 객망리 강姜씨 문중에 인간의 몸으로 강세하셨다. 상제님이 강씨 문중에 오신 것은 강씨가 현존하는 인류의 시원 성씨이기 때문이다. 즉 '원시로 반본하는 가을의 섭

상제님의 존호 '증산' [시루 증甑, 뫼 산山]

시루는 본래 곡식을 한데 모아 떡을 찌는 그릇이다. 여기에는 '선천의 모든 것을 통일하고 성숙케 해서 열매를 맺게 한다' 는 뜻이 담겨 있다. 즉, 인류의 진정한 행복을 위해 분열되고 닫혀 있는 선천의 미성숙한 문화를 크게 거두어, 한마음 통일 문화권을 여시려는 상제님의 꿈과 이상이 들어 있다.

영성, 통합, 성숙, 조화, 하나 됨, 상생의 평화, 무병장수, 이런 것이 바로 지금 인류가 맞이하고 있는 가을의 정신, 가을철의 섭리이다.

상제님의 존호 '증산' 에는 갈등과 불균형, 부조화가 사라진 세상, 인간을 고통스럽게 하는 질병도 없고 전쟁도 없는 세상, 수천 년 동안 인류가 한없이 갈망해 온 염원을 한꺼번에 이루어주시겠다는 지고한 뜻이 담겨 있다.

대자연과 인간 역사의 머나먼 여정에서 꿈꾸어 온 인류의 이상 세계 실현이 '증산' 이라는 존호에 다 함축되어 있는 것이다.

리에 따라 강씨로 오신 것'이다.

상제님의 성휘聖諱는 일一 자 순淳 자요, 도호道號는 증산甑山이시다. 상제님의 존호가 '증산'이므로 우리는 인간으로 오신 상제님을 **'증산 상제님'**이라 부른다. 그리고 상제님이 인간으로 오셔서 전해 주신 참 진리, 새 진리가 바로 증산도이다.

증산 상제님의 유소 시절

인류에게 선천 세상의 고통의 근원을 밝혀 주시고, 비극의 삶을 극복하고 새 생명으로 거듭날 수 있는 길을 열어 주시기 위해 인간으로 오신 증산 상제님은 유소 시절부터 비범함과 총명함을 보여 주셨다. 6세(1876년) 때 이미 천지를 아우르는 심법을 보여 주신 일화가 전한다.

어느 날 부친께서 상제님께 천자문을 가르치려고 훈장을 들이셨다. 그런데 그 첫날 상제님은 스스로 천자문을 펴시더니 맨 앞에 나오는 '하늘 천天' 자와 '땅 지地' 자를 읽으시고는 "하늘 천 자에 하늘 이치를 알았고, 땅 지 자에 땅 이치를 알았으면 되었지 더 배울 것이 어디 있습니까?"(1:19:7)라고 하셨다는 것이다.

'천지를 알았으면 됐지 뭘 더 배울 게 있느냐!' 이 말씀은 대자연에서 태어나 대자연의 품속에서 살고 있는 인류가 망각한 생명의 길, 그 근원을 깨우쳐 주시는 것이다. 사람은 하늘땅에서 태어나 살다가 하늘과 땅으로 다시 돌아간다. 그러니 하늘과 땅을 깊이 체험하고 깨치는 데 인생 공부의 진정한 의미가 있다는 말씀이다.

상제님은 유소 시절부터 이곳저곳을 다니며 세상을 경험하셨다. 상제님이 가시는 곳마다 경이로운 재주를 가진 신동이 세상에 출현했다는 소문이 퍼졌다. 그래서 상제님의 재주를 시험해 보려는 사람도 많았다.

열 살도 안 되신 어느 날, 상제님은 전라도 흥덕 알미[卵山]장터에서 사람들을 놀라게 하는 이적을 보이셨다. 어떤 사람이 상제님께 글씨를 청하자 붓으로 '한 일一' 자를 딱 쓰시고는 "나는 순이다!" 하고 외치셨다. 그러자 갑자기 글자가 누에처럼 꿈틀꿈틀 기어가는 것이 아닌가! 그때 상제님은 "조선 땅은 한 일 자 누에와 같다"(1:22:7)고 하셨다. 하나님이 우리나라가 누에처럼 생겼음을 밝혀 주신 것이다. 세상에서 흔히 말하는 것처럼 우리나라 땅 모양이 토끼 모양, 호랑이 모양이 아니고 누에 모양이라는 말씀이다. 누에는 실을 뽑아낸다. 그렇게 누에가 실을 뽑듯, 희망의 실, 생명의 실을 뽑아내는 지구의 혈穴, 지구의 중심이 바로 동북아의 한반도인 것이다.

인간의 고통과 한을 직접 체험하심

이렇게 천지 이치를 꿰뚫으신 분이지만, 강증산 상제님이 걸으신 삶의 길은 참으로 힘든 고행의 연속이었다.

태어나면서부터 상제님은 집안이 너무 가난해서 한 곳에 머물지 못하고 외가와 진외가陳外家(아버지의 외가)로 자주 옮겨 다니며 사셨다. 열다섯 살 무렵에는 집안 살림을 돕기 위해 글공부도 중단하고, 짚신을 삼아서 팔기도 하시며 사방으로 유랑하셨다. 정읍 남이면 거슬막에서 머슴으로 일하며 보리를 거두기도 하였다. 정읍 내장산 아래 부여곡大余谷에서는 산판꾼이 되어 나무를 베기도 하셨다.

머슴, 산판꾼이라면 하인이나 노예처럼 미천한 신분이다. 그토록 신이한 권능을 가지신 분이 왜 이처럼 가난하고 천한 삶을 사셨을까?

인간이 겪는 가장 큰 고통 중 하나가 벗어날 길 없는 빈곤과 비천한 신분 때문에 설움을 당하는 것이다. 상제님은 선천 인간의 원과 한을 속속들이 체험하심으로써 창생을 건지는 진정한 구원의 법방을 마련하기 위해 스스로 그 낮은 길을 택하셨던 것이다.

상제님께서는 동냥아치들의 얼굴과 머리를 씻겨 주기도 하시고, 배고파 쓰러져 있는 사람을 보시면 혀를 끌끌 차시며 "내 창자라도 내어 먹이고 싶구나!"(2:126:3) 하고 한없이 애처롭게 여기셨다.

지구촌의 대세를 꿰뚫어 보심

상제님은 24세 되시던 갑오(1894)년에 '천하의 대병을 고치리라'는 당신님의 강세 목적을 이루고자 결단을 내리셨다. 그 결정적인 계기가 된 사건이 상제님의 고향 고부 땅에서 일어난 동학혁명이었다.

서구 제국주의 세력이 동양으로 들어오면서 동서 문명이 충돌하여 지구촌이 대변혁의 소용돌이로 휩쓸려가기 시작하던 그때, 나라의 운명은 바람 앞의 등불과 같았다. 거기에 관료들의 횡포와 홍수 등 자연 재해로 말미암아 조선 백성들의 삶 또한 말할 수 없이 피폐해 있었다. 앞서 말했던 것처럼 수백 년 동안 억압과 착취로 인한 원한이 뼈에 사무친 백성들은 곳곳에서 민란을 일으켰다. 원한의 불길은 끝없이 타올랐으며, 그 민란의 끝에 동학혁명이 있었다.

동학혁명은 동방 한민족 근대사의 출발점이자 전 인류 근대문명사에서도 정신문화의 한 축을 세우는 출발점이다. 이것은 성자 문화 시대에서 아버지 문화 시대, 시천주 시대로 넘어가는 정점에서 종교와 정치, 양자의 개혁을 주장했다는 데 큰 의미가 있다.

동학군은 머리에 '오만 년 수운^{受運}'(상제님이 내려 주신 후천 오만 년 운을 받는다는 뜻)이라고 쓴 띠를 두르고 '시천주' 노래를 부르며 죽창을 들고 싸웠다.

동학군은 그렇게 인간으로 오시는 천주님의 새 세상, 유불선 기독교를 수용하는 대 통일 문명의 도래를 외치다가 60만 명이 참혹하게 죽어갔다.

이러한 참상을 직접 목격하신 상제님은 패망의 소용돌이로 빠져드는 조선의 현실과 지구촌의 대세를 꿰뚫어 보셨다. 그리고 '이제 천하의 대세가 종전의 알며 행한 모든 법술로는 세상을 건질 수 없다. 내가 몸소 천하를 건지겠다' 하시고 온 천하의 중심에 나서셨다.

모든 것이 나로부터 다시 시작된다

20세기 첫 새벽을 연 신축(1901, 31세)년 음력 7월 7일, 증산 상제님은 우주의 통치자로서 무궁한 조화권을 자유 자재로 행하시는 신천지 대도통문^{大道通門}을 활짝 여셨다.

상제님은 공자, 석가, 예수를 비롯한 이전의 어떤 성자와 사상가에게서도 전혀 들어볼 수 없었던 놀라운 선언을 하셨다. 하늘과 땅과 인간과 만물이 완전히 새롭게 시작된다는 대개벽 세계를 선포하신 것이다.

• 모든 것이 나로부터 다시 새롭게 된다. (2:13:5)

이 우주가 상제님에 의해 완전히 새롭게 시작된다. 강증산 상제님으로부터 천지와 인간의 역사가 새로 시작되는 것이다.

증산 상제님은 공자, 석가, 예수를 내려 보내신 천지의 원 주인으로 우주의 삼계 대권[하늘·땅·인간을 다스리는 조화권]을 가지신 분이다. 상제님은 그 무궁한 조화로써 병든 천지와 인간을 건지시는 일을 이 땅에서 행하신 것이다.

증산 상제님의 성적聖蹟을 집대성한 『도전道典』을 보면 당시 상제님을 직접 모신 성도들과 조선의 백성들이 체험한 상제님의 권능과 위격에 대한 놀라운 일화가 가득 들어 있다. 그 중에서 몇 가지만 살펴본다.

상제님의 조화 권능
| 떠오르는 해를 멈추시다 |

무신(1908)년 어느 날, 상제님께서 구릿골 약방에 계실 때였다. 마침 아침 해가 앞 제비산 봉우리에 반쯤 떠오르고 있었다. 상제님은 여러 성도들에게 "이러한 난국에 처하여 정세靖世의 뜻을 품은 자는 능히 가는 해를 멈추게 할 만한 권능을 가지지 못하면 불가할지니, 내 이제 시험하여 보리라"고 하셨다. 상제님께서 해를 향하여 손으로 세 번 누르시며 "가지 말라!" 하시고, 담뱃대에 담배를 세 번 갈아 천천히 빨아들이시니 문득 해가 멈추어 더 이상 솟아오르지 못하였다. 그런데 상제님이 담뱃대를 떼어 땅에 터시며 "가라" 하고 명하시자 눈 깜짝할 사이에 수장數丈을 솟아올랐다. 상제님께서 "이를 보고 너희들의 신심信心을 돈독히 하라. 해와 달이 나의 명에 의하여 운행하느니라"고 말씀하셨다.(2:121, 4:111)

상제님은 하늘땅과 해와 달의 운행을 마음대로 할 수 있는 조화 권능을 쓰시는 우주의 통치자이시다.

| 바닷물을 없애며 보신 제주도 개벽 공사 |

상제님의 조화 권능은 천지공사(상제님이 신명들과 함께 천지의 새 판을 짜 놓으신 일을 말한다. 이에 대해서는 바로 뒤에서 상세히 설명을 할 것이다)를 보시던 숱한 일화를 통해서 전해지고 있다.

계묘(1903)년 어느 여름날, 제주도에서였다. 상제님은 김형렬 성도와 김호연 성도를 데리고 제주 한림 바닷가로 가셨다. 바다에서는 해녀들이 물속을 분주히 드나들며 해물을 따고 있었다. 이때 상제님께서 바닷가 둑 위에 올라서시어 바닷물을 밀어내듯 팔을 펴시면서 무어라 말씀하셨다. 그러자 갑자기 '홱~' 하는 소리와 함께 바닷물이 순식간에 없어지고 육지가 되었다. 물속에서 해물을 따던 해녀들은 영문을 몰라 두리번거리며 서로 얼굴만 쳐다보고 있는데, 사방에서 사람들이 몰려와 고기와 미역 등을 주워 담느라 야단이었다. 상제님께서 한동안 이 광경을 바라보시다가 이번에는 바닷물을 왈칵 들어오게 하셨다. 사람들이 물살에 휘말려 아우성쳤다. 곁에서 그 모습을 구경하느라 배고픈 줄도 잊고 있던 호연에게 상제님께서

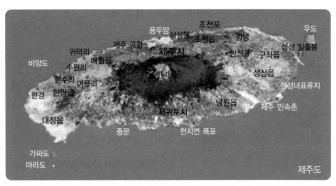

제주도 개벽 공사 증언.
"강증산 어른께서 제주도 왕이네(와서) 축지법으로 바당(바다)이고 땅이고 어디고 헐거어시(할것없이) 막 왔다갔다 허고, 바당 위도 거렁댕기고 바당 물도 어서지게(없어지게) 만들었다. 뭐, 이디(여기) 어음이서 서귀포까지 몇 분 만에 갔다왔다 했다.(중략) 강증산 어른이 제주도에 왔다는 이야기는 다 알아." - 증언자 김규형(1933~)

"이것이 바로 천지조화니라" 하시고 이후 열흘 동안 한수리, 수원리, 귀덕리 일대에서 아침저녁으로 하루에 두 번씩 바닷물을 없애는 공사를 보셨다.

이때 상제님은 소매가 넓은 푸른 도포[靑袍]를 입고 순식간에 어음於音에서 서귀포西歸浦까지 다니시며, 땅이고 바다고 제주도 곳곳에서 홀연 나타났다가 사라지곤 하셨다. 그리하여 온 제주도 섬 안에 '푸른 청포를 입은 신인이 도포 자락을 펄럭이며 바다 위를 걸으시고 동서로 날아다니신다' 는 소문이 퍼졌다. 상제님께서 이르시는 곳마다 많은 사람이 몰려들어 청포를 입으신 상제님이 바람처럼 유유히 사라지시는 모습을 넋을 놓고 지켜보았다고 한다.(5:27~28) 지금까지도 그 마을 노인들이 이 사실을 생생히 증언하고 있다.

| 백두산에서 신명들과 춤추며 공사 보신 상제님 |

하늘과 땅과 인간, 신도 세계를 다스리시는 상제님께서는 인류 문명사상 처음으로 대자연이 단순히 물리적인 존재가 아니라 영적인 존재임을 밝혀 주시고 이렇게 말씀하셨다.

- 천지간에 가득 찬 것이 신神이니 풀잎 하나라도
  신이 떠나면 마르고 흙 바른 벽이라도 신이 떠나

면 무너지고, 손톱 밑에 가시 하나 드는 것도 신
이 들어서 되느니라. 신이 없는 곳이 없고, 신이
하지 않는 일이 없느니라. (4:62:4~6)

눈에 보이는 모든 것에는 신성神性이 깃들어 있는 것이
다. 인간의 몸에도 신이 있고, 하늘도 신성으로 가득 차
있으며, 산에도 바다에도 나무에도 모두 신이 들어 있다.
증산 상제님은 만물 속에 깃든 신을 불러내어 공사를 보
신 적도 많았다. 그 가운데 백두산에 가시어 행하신 공사
의 일화를 보면 신비롭기 그지없다.

갑진(1904)년 6월, 더운 여름날에 상제님은 형렬과 호연
을 데리고 백두산에 오르셨다. 상제님은 천지天池를 둘러
싼 여러 봉우리 가운데 한 봉우리에 앉으시고, 형렬과 호
연은 각기 다른 봉우리에 앉게 하셨다. 그리고 나서 차례
로 세 봉우리를 향하여 이름을 부르시자 첫 봉우리에서는
눈처럼 희고 커다란 학이, 둘째 봉우리에서는 알롱달롱
황금빛이 감도는 붉은 새가, 셋째 봉우리에서는 파란 새
가 나와서 각 봉우리에 앉았다. 상제님께서 새들을 향해
"너희들 만나서 춤을 한번 춰 보라" 하시고 노래를 부르
시며 흥을 돋우셨다.

• 상제님께서 춤을 추듯 손장단을 하며 흥을 돋우

시니 새들이 천지의 수면 위로 날아올라 날개를
펄럭이며 춤을 추다가 수면으로 내려가 날갯짓으
로 점벙점벙 물을 치며 다시 공중으로 솟구쳐 오
르더니 양 날개를 쭉 펼친 채 서로 빙빙 돌거늘
온 산의 나무들도 손을 흔들 듯 너울너울 춤을 추
고, 풀잎도 바르르 떨며 춤을 추는지라. (4:44:7~10)

상제님께서 흥겹게 웃으시며 "나를 따라서 모두가 춤을
추는구나, 이제 수기水氣를 돌려 회생케 하였노라" 하셨다.
믿을 수 없는 광경이지만, 상제님은 백두산 천지에서 수
기가 말라 병들어 죽어가는 대자연을 회생시키는 개벽 공
사를 보신 것이다.

| 병든 자를 살려 주시다 |

천하의 병을 고쳐 주시는 상제님은 병든 자, 죽은 자도
살리셨다. 상제님이 치병을 하시는 데는 일정한 법이 없
었다. 친히 병자의 환부를 핥아 주시거나 핥는 시늉만 하
셔도 병이 깨끗이 나았고, 마마나 홍역으로 많은 사람들
이 죽어 갈 때에도 그 집 마루에 올라서시어 발로 '꽝' 하
고 한 번 내딛으시면 병자가 금세 살아났다. 아무리 심한
병일지라도 상제님이 한 번만 다녀가시면 곧 괜찮아졌다.
당시 상제님께서 베푸신 치병의 은혜에 대한 수많은 일화

는 그 후손들을 통해 지금도 생생하게 증언되고 있다.

을사(1905)년 어느 날 상제님이 전라도 원평院坪을 지나실 때였다. 그 흉한 형상이 차마 보기 어려울 정도인 문둥병 환자가 상제님의 행차를 보더니 달려와서 크게 울며 하소연을 하였다. 그리고 "제가 이생에 죄를 지은 바가 없는데 이 같은 형벌을 받음은 전생의 죄 때문이옵니까? 바라옵건대 전생에 지은 중죄重罪를 용서하옵소서. 만일에 죄가 너무 무거워서 용서하실 수 없다면 차라리 죽음을 내려 주옵소서" 하며 상제님의 뒤를 따르자 보는 사람들이 모두 눈물을 흘렸다.

상제님께서 길을 멈추시고 잠시 애처롭게 바라보시더니 병자를 불러 길에 앉히셨다. 그리고 성도들로 하여금 "둥글게 병자를 둘러싸고 앉아서 '대학지도大學之道는 재신민在新民이라' 이 구절을 계속하여 외우라"고 하셨다.

이에 성도들이 둘러앉아 외우는데 얼마 지나지 않아 "이제 되었으니 그만 읽고 눈을 뜨라" 하시어 눈을 떠 보니 놀랍게도 병자가 언제 병을 앓았느냐는 듯, 완전히 새사람이 되어 앉아 있는 것이었다. 병자가 기뻐서 춤을 추며 "하느님, 하느님이시여! 저의 큰 죄를 용서하시어 저에게 새로운 인생을 열어 주셨습니다" 하며 울부짖었다. 상제님은 "북쪽으로 십 리를 가면 네가 살길이 있으리라"

하시고 그 사람을 보내셨다.

이 광경을 바라보던 사람들이 모두 "만일 하느님의 권능이 아니라면 어찌 이렇게 할 수 있으리오" 하고 탄복하였다. 이때 한 성도가 "문둥병은 천형天刑이라 하여 세상에서는 치료할 방도가 없는 것인데 글을 읽게 하여 그 자리에서 고치게 하시니 어떤 연고입니까?" 하고 여쭙자 상제님께서 이렇게 말씀하셨다.

● 나의 도道는 천하의 대학大學이니 장차 천하창생을 새사람으로 만들 것이니라. (2:79:14)

증산 상제님은 병든 자를 고쳐 주실 뿐 아니라 인간을 새 사람으로 만들어 주시는 개벽장開闢長이신 것이다.

| 역사의 불의를 벌하시다 |

상제님의 신이神異하심에 대한 소문은 조선 민족을 영구히 지배하려고 했던 침략자 이토 히로부미[伊藤博文]의 귀에까지 들어갔다. 그는 '강증산이라는 분이 조화를 자유자재로 부리시는 신인神人'이라는 소문을 듣고 상제님 만나기를 소원했다. 자기가 하는 일을 상제님께서 도와주시기를 바랐던 것이다. 이에 상제님께서는 일본인들의 역사 불의*를 완전히 뿌리 뽑는 공사를 보셨다.

상제님은 기유(1909)년 봄, 수석성도인 김형렬과 함께 통감부를 찾으셨다. 그런데 이토 히로부미는 상제님을 뵙자마자 상제님의 기운에 눌려 정신을 잃고 그 자리에서 고꾸라져 버렸다. 잠시 후 깨어난 그에게 상제님의 성령을 받은 김형렬 성도가 "네가 조선의 대왕이 되고자 하느냐 … ○○도 없는데 네가 무슨

* **일본의 역사 불의.** 일본은 동방 상제문화의 원종주이며 자기네들에게 문화를 전수해 준 스승의 나라인 조선의 역사를 말살하여 자기네 속국으로 만들기 위해 20만 권이나 되는 한민족 역사책을 불태웠다. 또한 당시 일본 내각 총리대신이었던 이토 히로부미는 미우라 공사를 사주하여 조선의 국모[명성황후]를 칼로 난자질해 살해하고 불태워 버리는 끔찍한 범죄를 저질렀다.

대왕이냐? 대왕은 당치도 않다"라고 크게 꾸짖었다. 여기에는 '상제님이 인정을 안 해 주시는데 네가 무슨 대왕이냐'라는 심정적인 뜻이 담겨 있었다. 또한 '스승 나라를 잡아먹는, 인류의 정의를 무너뜨리는 너를 천지에서 죽인다, 네 목숨을 거두러 왔다'는 뜻도 들어 있었다.

그래도 말 뜻을 못 알아듣고 이토 히로부미가 사정을 하자, 상제님께서는 상종이 안 된다고 하시며 곧장 통감부에서 나오셨다.(5:365) 상제님은 이때 조선에서 왕 노릇을 하며 동아시아를 다 지배하려는 이토 히로부미의 기운을 거두신 것이다.

안중근安重根
(1879~1910)

이 공사를 보시기 몇 달 전인 무신(1908)년 겨울에 상제님은 안내성 성도를 데리고 "안성安姓을 쓰노라" 하시며 이토 히로부미를 폐하시는 공사를 처결하셨다. 안내성 성도를 '천지의 일등방문'으로 내세우시어 "여기 일등방문이 있는데, 이등방문이 어찌 머리를 드느냐?" 하시며 "나를 향해 총 쏘는 흉내를 내며 꼭 죽인다는 마음으로 '탕탕' 소리를 내라"고 명하셨다. 그 후 이토 히로부미는 안중근 의사의 총탄에 사망하였다.(5:341) 그 사건의 이면에는 상제님의 이 공사가 있었던 것이다.

이렇듯 『도전』에는 우주의 모든 신명을 불러 자유자재로 부리시고, 사람의 마음을 꿰뚫어 보시고, 병자도 낫게 하시고, 사람의 성품도 뜯어 고치시는 등 천지 조화권을 뜻대로 쓰시는 상제님의 면모가 실감나게 그려져 있다.

온 인류에게
상생의 세계 일가 통일 문명을 열어 주는
한민족의 문화 원전

道典

한민족의 혼과 역사를 찾아주고
후천 5만 년 지상선경의
위대한 비전을 열어 주는
증산 상제님의 대도서大道書

잃어버린 '상제' 문화

지금은 '상제' 라는 호칭을 제대로 아는 사람이 없지만, 20세기 초까지만 해도 '상제' 라는 언어가 한민족의 일상 속에 '하나님' 의 호칭으로 살아 있었다. 고종 황제의 명으로 반포된 대한제국의 애국가 가사를 보면 이것을 알 수 있다.

상제上帝 우리 대한大韓을 도으쇼셔
성수무강聖壽無疆하샤 해옥주海屋籌를 산山 갓치 싸으쇼셔
위권威權이 환영寰瀛에 떨치샤
오천만세敖千萬歲에 복록福祿이 무궁無窮케 하쇼셔
상제上帝 우리 대한大韓을 도으쇼셔

이렇게 첫 소절과 끝 후렴구에서 거듭 상제님을 부르고 있다.

▲ '기독교 방송' 의 화면 하나님을 '상제上帝' 라고 표기한 중국어 자막이 보인다.

◀ 1906년 성서 번역본. 예수를 '상제지자', 곧 '상제의 아들' 이라고 하였다. 주석에서는 '상제' 를 '천주' 라 했다.

4. 병든 천지를 뜯어 고치시다

상극의 질서를 상생으로 돌리시다

참 하나님이신 증산 상제님은 무궁한 조화 권능으로 가을 개벽기, 진멸지경에 처한 인간 세상을 건지시는 당신님의 도법을 상생의 도라고 하셨다.

- 내 도는 곧 상생相生이니, 서로 극剋하는 이치와 죄악
  이 없는 세상이니라. (2:19:2)

이 말씀대로 **'상제님의 상생의 도'**로써 선천 상극의 원한의 역사가 모두 혁신된다.

상생이란 무엇일까? 상생은 '서로 상相' 자에 '살릴 생生' 자로 생명을 살린다, 잘 살게 한다는 뜻이다. '상생'은 세상 사람들이 흔히 알고 있는 '싸우지 말고 잘 지내자. 함께 잘 살자'는 '공생共生'의 의미를 넘어선다.

상생은 조화주 하나님의 손길로 선천 5만 년 동안 인류에게 원과 한을 맺게 했던 상극의 질서를 끝맺고 새로 태어나는 가을 우주의 질서이다. 억음존양으로 하늘과 땅에 원한의 살기를 뿜어 천지와 인간을 병들게 했던 상극의 운이 끝나고서 개벽으로 새롭게 열리는 정음정양의 바른 질서이다. 모든 부조화와 불균형이 없어지고 일체의 원망

과 미움이 사라진 화합과 조화의 새 질서! 상제님은 상극의 우주를 상생의 우주로 돌려놓으셨다.

● 공부하는 자들이 '방위가 바뀐다.' 고 이르나니
내가 천지를 돌려놓았음을 세상이 어찌 알리오.

(4:152:1)

상생은 23.5도 기울어진 지축이 급격하게 이동하고 타원형 지구 궤도가 정원형으로 바뀌는 가을개벽을 통해서만 비로소 인간의 삶 속에서 보편적으로 구현될 수 있다. 봄여름 철에 상극이 들어와 역동적으로 분열하면서 한없

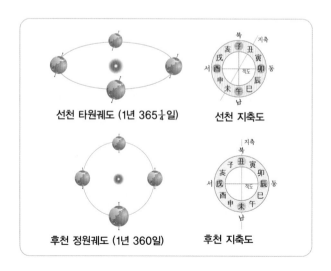

선천 타원궤도 (1년 365¼일)   선천 지축도

후천 정원궤도 (1년 360일)   후천 지축도

이 밖으로 뻗쳐 나가던 거센 양 기운이 상제님의 손길에 의해 운동 방향을 바꾸어, 안으로 만물을 수렴하고 통일하는 가을철 음 운동을 시작하는 것이다.

인간과 모든 신명의 절박한 소원

그런데 문제는 지축이 이동하여 개벽이 백 번, 천 번, 만 번 온다고 해도 선천 5만 년 동안 쌓이고 쌓인 원한을 끌러주지 않으면 상생의 좋은 세상이 이루어질 수가 없다는 사실이다. 이것이 무슨 말일까?

상제님께서는 "한 사람의 원한이 능히 천지 기운을 막는다. 원한이 폭발하면 우주도 무너져 내린다"고 말씀하셨다. 곧 닥치게 될 피할 수 없는 질병대란의 대세를 다음의 말씀을 통해 깊이 생각해 볼 일이다.

- 상극의 이치가 인간과 만물을 맡아 하늘과 땅에 전란戰亂이 그칠 새 없었나니 그리하여 천하를 원한으로 가득 채우므로 이제 이 상극의 운을 끝맺으려 하매 큰 화액禍厄이 함께 일어나서 인간 세상이 멸망당하게 되었느니라. (2:17:2~4)

철천지한을 맺고 죽은 원신이 하늘땅 사이에 가득 차 있는데, 어떻게 지구에 좋은 세상이 올 수가 있겠는가. 원한을 끌러 주지 않으면 우리가 살고 있는 이 천지가 멸망을 당하는데, 가을개벽이 온다 한들 무슨 소용이 있겠는가.

그래서 상제님은 천지 안의 원한 맺은 신명들을 해원시키기 위해, 그들이 살아 있을 때 하고 싶었던 일을 신명세계에서나마 충분히, 만족스럽게 펼칠 수 있도록 해원의 역사를 만들어 주셨다. '파리 죽은 귀신이라도 원망이 붙지 않게'(4:48:4), 모든 신명들에게 기회를 주셨다.

상제님의 해원은 인간 신명에게만 국한된 것이 아니다. 상제님은 온 우주의 주인[천주]이시므로 동물들의 원한도 풀어주셨다. 상제님께서 대원사에서 천지 도통 문을 여신 후 하산하실 때, 갑자기 골짜기의 온갖 새와 짐승들이 반기며 모여들어 무엇인가 애원하는 듯하였다. 이에 상제님이 이렇게 말씀하셨다.

- 너희들도 후천 해원을 구하느냐? … 알았으니 물러들 가라. (2:12:8~9)

그러자 동물들이 알아들었다는 듯 그 말씀을 좇아서 물러갔다.(2:12:7~9) 무릇 선천 세상을 살아 온 인간과 모든 신명 뿐만 아니라 날짐승, 들짐승에 이르기까지 가장 절박한 꿈이 가슴 속에 깊이 못 박힌 원한을 풀고자 하는 것이다.

이 원한을 어떻게 끄르고 살 것인가? 누가 이 원한을 풀어줄 것인가? 증산 상제님은 바로 이 원한을 끌러 주시기 위해서 천상 옥좌에서 내려오신 분이다. 상제님은 신명을 해원시키고 온 인류가 염원해 온 꿈의 낙원 세계가 이 지상에 건설되도록 '새 역사의 판'을 짜 놓으셨다. 그것이 상제님께서 31세 때부터 천상 보좌로 돌아가시기 전까지 9년(1901~1909) 동안 행하신 천지공사天地公事이다.

천지신명이 함께 하는 일

천지공사란 무엇일까?

천지공사는 한마디로 상제님이 천지[신명]와 더불어 이 세상의 모든 일을 심판해 놓으신 일이다. 과거 역사와 현재를 심판하시고, 신명 해원과 더불어 장차 이 세계가 나아갈 프로그램, 인류사의 질서를 새롭게 설계해 놓으신 것이다.

천지공사는 크게 세운世運공사와 도운道運공사로 나뉜다. 신명들이 해원을 하며 나아가는 세계 역사의 전개 과정, 그 프로그램을 짜신 것이 세운 공사이다. 그리고 상제님의 도가 세상에 뿌리 내려, 장차 질병대란에서 인류를 건져 상생의 지상선경 낙원을 건설하는 프로그램을 짜신 것이 도운 공사이다.

상제님은 천지공사를 보시기 위해서 먼저 천상의 신명들을 전부 불러 모아 우주 정부를 구성하셨다. 이것을 신명 조화정부라고 한다. 정부는 나라 살림을 위한 모든 정책을 주관하는 곳 아닌가.

상제님은 천상 신명들이 인간 세상에서 못다 이룬 꿈을 신명계에서나마 흡족하게 이룰 수 있도록, 각자에게 알맞은 자리를 주고 천지의 살림을 주관하도록 일을 맡기셨다. 그리고 그 신명들과 함께 상생의 도로써 인류의 새 역사를 건설하는 대공사를 보셨다.

이처럼 신명들이 천상의 조화정부에 참여하여 현실 역사를 주도적으로 이끌어 감으로써 마침내 신명들 모두가 해원을 하게 된다.

다섯 신선이 한반도에서 바둑을 두다

그러면 상제님께서 신명 해원을 위해 이 세상이 어떻게 전개되도록 짜셨는지, 세운을 중심으로 살펴보기로 한다.

먼저 증산 상제님은 세상에 잘 알려져 있지 않은, 성군聖君이 되어 나라를 잘 다스리고자 했던 꿈이 좌절된 채 억울하게 누명을 쓰고 죽은 역사의 한 인물을 내세우셨다. 그는 바로 중국 요임금의 맏아들 단주丹朱이다.(182쪽 특각

주 참고)

- 이제 '원한의 역사의 뿌리' 인 당요唐堯의 아들 단
  주丹朱가 품은 깊은 원을 끄르면 그로부터 수천 년
  동안 쌓여 내려온 모든 원한의 마디와 고가 풀릴
  지라. (2:24:4~5)

　　천지 정사政事를 주관하시는 상제님은 단주의 원한이 역
사상 가장 깊은 원한의 뿌리라 하셨다. 그리고 단주의 원
한을 끌러 주시기 위해 그에 얽힌 역사의 진실을 바로잡
아 주시고, 천상 조화정부에서 단주 신명을 이 세계를 다
스리는 주인공으로 임명하셨다. 곧 동북아에 대동 세계를
열고자 했던 단주 원한이 다 풀리도록, 장차 지구상에 세
계 일가 통일 문명을 여는 신명계의 주인공으로 삼으신
것이다. 요컨대 단주는 상제님의 상생의 새 세상을 여는
주역인 셈이다.

　　단주가 해원을 하는 과정에서 선천 상극의 원한들이 풀
리면서 온갖 참사와 질병으로 신음하는 신명계와 인간 세
상이 바로잡힌다. 이것이 바로 **'단주해원 도수'** 인 오선위
기五仙圍碁 바둑판 도수이다.

　　오선위기란 '다섯 오五, 신선 선仙, 둘러쌀 위圍, 바둑 기
碁', 즉 다섯 신선이 둘러앉아서 바둑을 둔다는 뜻이다.

상제님이 이 공사를 보심으로써 세계 역사는 천상에서 단주가 다스리는 대로 다섯 신선이 바둑을 두는 형국으로 돌아가고 있다.

- 현하대세를 '오선위기五仙圍碁의 기령氣靈'으로 돌리나니 두 신선은 판을 대하고 두 신선은 각기 훈수하고 한 신선은 주인이라. (5:6:2~3)

다섯 신선이 한반도라는 바둑판을 중심에 놓고 바둑을 두는데, 네 신선이 바둑을 두고 나머지 한 신선은 주인 노릇을 한다. 그 주인이 바로 조선이다. 지금 지구촌 4대 강국이 한 나라를 중심에 두고 힘겨루기를 하는 곳은 서양에도 없고, 중동에도 없고, 아프리카에도 없다. 오직 동북아의 한반도밖에 없다.

천지공사 프로그램은 어떻게 실현되는가

여기서 독자들은 고개를 갸우뚱할 것이다. 눈에 보이지 않는 신도 세계에서 단주 신명이 오선위기로 이 세상을 다스리는데, 그것이 어떻게 역사로 이루어진다는 말인가? 이것은 이理·신神·사事의 이치를 알면 쉽게 이해할 수가 있다.

한마디로 이 세상에서 일어나는 모든 일은 우연히 일어

단주의 원한과 역사 왜곡

　단주의 원한, 여기에는 인류사에서 가장 태평성대를 누린 시대였다고 과대 포장된 4천3백 년 전, 서방 한족 요임금의 제위 선양에 얽힌 슬픈 이야기가 있다.

　요임금의 왕자인 단주가 품었던 원대한 꿈은 동방족(한민족)과 서방한족(중국)의 대통합을 이루어 모두가 평화롭게 잘 사는 대동 세계를 만드는 것이었다. 그러나 자신의 형의 왕위를 무력으로 찬탈하는 등 전쟁을 좋아하던 요임금의 생각은 이와 달랐다. 요임금은 자기와 정치관이 다른 단주를 불초하다고 하며 순을 사위로 삼고 제위를 순에게 넘겼다. 그리고 단주에게는 바둑판을 만들어 주고 외지로 쫓아 보냈다. 이렇게 해서 단주는 대동 세계를 건설하고자 했던 꿈이 좌절된 채, 불초하다는 누명까지 쓰고 바둑으로 세월을 보내다가 죽었다. 게다가 유교에서 요순 임금을 성군의 종주로 삼음으로써 세상 사람들이 단주에 얽힌 역사의 진실을 전혀 모르게 되고 말았다.

　만일 단주가 요임금의 뒤를 이어 제왕이 되었다면 동북아 역사와 인류 문명사의 판도는 사뭇 달라졌을 것이다. 하지만 단주는 그 웅지를 접어야 했고, 게다가 친부에게 버림을 받았던 것이다. 그러니 그 원한이 얼마나 깊고 크겠는가!

왼쪽_ 중국 하남성 복양시 단주 묘에 있는 단주 사당 전경. 오른쪽_ 위패를 모셔 놓은 1층 내부 모습. 중국 5천 년 모든 유적지 가운데 가장 초라하고 어둡고 버림받은 곳이 바로 이 단주의 무덤과 사당이다.

나는 것이 하나도 없다. 먼저 인간과 만물이 태어나 살아 가는 데는 어떤 질서가 있다. 그것이 대자연의 이법[理]이 다. 낮과 밤, 1년 사계절, 춘생추살 등이 이치를 벗어나면 아무것도 있을 수가 없다. 상제님도 대자연의 이법을 바탕으로 오셨으며, 역시 이법을 바탕으로 이 세상의 새 판을 짜신 것이다.

그렇게 상제님이 짜신 천지공사 프로그램에 따라 단주와 같은 신명들이 먼저 행위를 하면[神], 그에 감응이 된 인간이 신명을 좇아서 자기도 모르게 그대로 행위를 한다[事]. 이것은 바꿔 말하면 신명이 인간에게 응감을 해야만 인간이 행위를 할 수 있다는 것이다.

그렇게 해서 상제님이 공사 보신 것이 원판이라면, 현실 역사는 복사판이라 할 수 있다. 예를 들면, 지금 북한

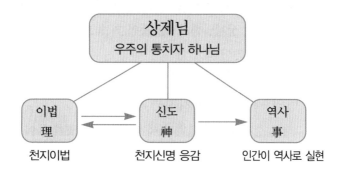

의 핵 문제 때문에 벌어지고 있는 6자회담이 오선위기 공사가 그대로 현실로 실현되는 복사판이다. 지금은 주인인 조선이 둘로 나뉘었기 때문에 오선위기가 6자회담이 되었다.

다시 말해 상제님이 천지공사로써 그렇게 짜 놓으셨고, 그것을 신명이 그대로 행하기 때문에, 그에 감응이 되어 사람들이 자신도 모르게 그렇게 행위를 하는 것이다.

- 천하의 모든 사물은 하늘의 명命이 있으므로 신도神道에서 신명이 먼저 짓나니 그 기운을 받아 사람이 비로소 행하게 되느니라. (2:72:2~3)

이 세상에서 일어나는 모든 크고 작은 일은 하늘의 명과 이법에 따라 신명들이 인간의 삶 속에 개입하여 일어나는 것이다.(이것이 '이·신·사의 역사관'이다. 『개벽 실제상황』 참고) 이 원리를 통해서 우리는 삶과 죽음의 비밀도 알 수 있고, 증산 상제님께서 9년 동안 짜 놓으신 '천지공사 세계'를 제대로 알 수가 있다.

세 번의 씨름으로 펼쳐지는 세계 역사

그러면 상제님은 오선위기 세계 역사가 어떻게 돌아가도록 짜 놓으셨을까? 다른 말로, 상제님의 명을 받든 단주는 신명계에서 이 세계를 어떻게 다스리는 것일까?

상제님이 인간으로 오시던 19세기 후반, 서양 제국주의 열강은 근대 자본주의 시장을 개척하기 위해 아프리카, 인도, 중국을 정복하고서 마침내 동양의 끝자락인 한반도에까지 몰려왔다. 동북아의 작은 땅 조선은 미국, 영국, 독일, 러시아, 프랑스 등 서구 열강과 청나라, 일본 등 10여 개 나라가 들어와 세력을 다투는 각축장이 되어 역사상 가장 위태로운 지경에 놓였다.

바둑판과 오선위기. 상제님이 오선위기 도수로 세계 질서의 틀을 정하신 이후 세계는 한반도를 중심으로 4대 강국이 패권을 다투는 형상을 유지하고 있다.

- 이제 동양의 형세가 누란累卵과 같이 위급하므로
  내가 붙들지 않으면 영원히 서양으로 넘어가게
  되리라. (5:4:6)

상제님이 오신 동북아 조선은 본래 동아시아 문명의 탄
생지이며 나아가 인류 창세 문화의 중심지이다. 최근 만
주 요하 지방에서 **홍산 문화**가 발굴됨에 따라 이것이 역
사의 사실임이 드러나고 있다. (194쪽 특각주 참고)

그런 상제님 문화의 본 고향인 조선이 멸망지경에 처하
게 되었던 것이다. 그리하여 상제님은 이 조선을 중심으
로 서양 제국주의의 패악을 뿌리뽑고, 지구촌의 크고 작
은 모든 문제를 바로잡기 위해 씨름판 도수를 붙이셨다.
씨름 경기는 본래 애기판, 총각판, 상씨름판 세 단계로 전
개된다.

- 현하 대세가 씨름판과 같으니 애기판과 총각판이
  지난 뒤에 상씨름으로 판을 마치리라. … 씨름판대는
  조선의 삼팔선에 두고 '세계 상씨름판'을 붙이리
  라. (5:7:1,3)

이 씨름 도수는 한마디로 전쟁 도수이다.
이것이 무슨 말인가? 왜 상제님은 전쟁이 일어나도록
공사를 보셨다는 것인가?

선천의 억음존양 질서 속에서 태어나 살다간 여성들의 원한, 태어나기도 전에 찢기고 짓눌려 죽은 낙태아의 원한, 전쟁터에 끌려가 죽은 젊은이들의 원한, 온갖 음해와 모략으로 억울하게 죽어간 원신과 역신들의 원한이 가을 추살 기운과 함께 한꺼번에 터져 나온다. 이 우주를 무너뜨리고도 남을 그 원한의 기운을 어떻게 막을 수 있단 말인가.

상제님은 '큰 화를 작은 화로써 막아 다스린다'(2:17:8) 하시고, 천지에 가득 찬 원한의 불덩이가 한꺼번에 터지지 않도록 하기 위해서, 조선을 중심으로 한 세 차례 전쟁 도수를 붙이셨다. 곧 세 번의 전쟁을 통해서 신명들이 단계적으로 원한의 불덩이를 폭발시킴으로써 해원을 하는 동시에, 지구촌의 모든 문제가 바로잡히게 되는 것이다. 상제님은 이것을 '천지 전쟁'이라 하셨다.(5:202:3)

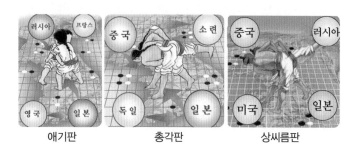

애기판   총각판   상씨름판

그 규모로 볼 때 1단계 애기판은 아이들 씨름 정도이고, 2단계 총각판은 청년들의 씨름, 3단계 상씨름은 어른들의 씨름이다. 애기판은 러일전쟁으로 비롯되어 제1차 세계대전으로 현실화 되었고, 2단계 총각판 씨름은 중일전쟁으로 비롯되어 제2차 세계대전으로 전개되었다. 그리고 3단계 상씨름은 삼팔선을 가운데 두고서 6·25 동란으로 시작된 남북 전쟁이다.

다시 말해 상제님은 애기판으로 동북아에서 서양 제국주의 세력을 거두시고, 유럽 본토에 자중지란[1차대전]을 일으켜 서양 제국주의 세력을 약화시키셨으며, 총각판 씨름으로는 아시아의 여러 나라를 독립시키시고 동서의 균형을 바로잡으셨다. 마지막 상씨름판은 전 세계를 하나로 만드는, 한 가족 문화로 만드는 전쟁이다. 이로써 세계 일가 통일 문명이 열리고 단주를 비롯한 모든 원신들은 완전히 해원을 하게 되는 것이다. 바로 이 과정에서 남북 상씨름을 말리는 손길로, 앞에서부터 줄곧 이야기해 온 질병대란이 일어나고, 마침내 우주의 가을철 지상 선경이 건설된다.(제3부 참고)

지금 국제 정치학자나 또는 세계 정치에 관심 있는 이들은 이구동성으로 지난 20세기부터 21세기 초까지 세계 역사의 질서가 동북아 중심으로 재편되고 있다고 한다. 그 핵심이 바로 현재 미·러·중·일이 둘러싸고 있는 한반도 중심의 세계 질서다. 그것을 이미 백 년 전에, 증산 상제님이 한반도를 중심으로 4대 강국이 바둑을 두는 씨름판 공사로 짜 놓으신 것이다. 참으로 놀랍지 않은가.

그러니 상제님의 천지공사 틀을 알면 20세기 현대 역사를 바르게 볼 수 있고, 한반도에서 일어나는 남북 대결, 핵무기 문제나 앞으로 오는 질병대란의 실체와 그 과정을 알고, 인생 최후의 승리자가 될 수 있는 혜안을 갖게 된다.

그러면 상생의 새 문명을 여시는 상제님의 천지공사 과정에서 질병대란은 구체적으로 어떻게 일어나는 것일까? 또한 인류는 어떻게 현대 문명을 총체적으로 무너뜨리는

오선위기로 전개되는 세계 역사

	애기판	총각판	상씨름판
과정	생生	장長	성成
시작	러(불)-일(영)전쟁 [1904~1905]	중(소)-일(독)전쟁 [1937~1945]	남(미,일)-북(러,중)전쟁 [1950~1953, 휴전]
매듭	제1차 세계대전 [1914~1918]	제2차 세계대전 [1939~1945]	후천 가을개벽
결과	국제연맹 결성	국제연합 결성	세계일가 통일 문명

질병대란을 극복하고 살아남을 수 있는 것일까? 이제 이 책의 총 결론을 찾아 제3부 이야기로 들어가 보자.

천지의 질서를 주관하시는 상제님께서
인간의 역사에 들어오시어 살 길을 열어 주셨다.
머지않아 인류를 고통 속에 몰아넣었던
선천 상극 질서가 끝나면서 현대 문명이 송두리째
무너지고, 상생의 새 통일 문명이 열린다.

동방 시원 문화와 인류 창세 문명의 주제:
천제 문화

한민족의 천제 문화 전통

본래 동방 문화의 가장 큰 특징은 하나님께 제사 올리는 천제 문화이다.

동방의 한민족은 상고사 시대인 배달국(6천 년 전) 때부터 하늘과 땅과 인간세계를 주관하시는 상제님께 천제天祭를 올리는 오랜 전통을 지니고 있었다. 배달국의 환웅·천황과 단군조선의 단군왕검 이래 역대의 모든 제왕이 나라를 건국한 후 가장 먼저 상제님께 천제를 올리고 부국평강富國平康을 기원하였다.

『조선왕조실록』에는, 경승부윤敬承府尹 변계량이 태종에게 상서上書를 올려 "우리 동방에서는 예로부터 하늘에 제사지내는 예를 1천여 년이 되도록 그친 적이 없으며, 태조 대왕께서도 이에 따라서 더욱 공근恭謹하였습니다(공손하게 삼가 잘 받들었습니다)"라고 고한 내용이 실려 있다. 태조[이성계]도 전통에 따라 천제 올리는 예를 받들었으니, 태종도 상제님께 제사를 올려야 한다고 상소를 한 것이다. 이 한마디에서 상제님을 모신 오랜 천제 문화의 역사를 알 수 있다. 일찍이 고구려의 동맹東盟, 부여의 영고迎鼓, 동예의 무천舞天, 삼한의

왼쪽_ **원구단 전경.** 일제에 의해 철거되고 현재 조선호텔이 들어서 있다. 왼편에 보이는 곳이 현재까지 남아 있는 원구단 부속 건물인 황 궁우로 제천 시 사용하는 신패 등이 보관되어 있다.
오른쪽_ **상제님께 천제를 올렸던 강화도 마리산 참성단**

상달제 등은 한민족이 상제님을 모시고 행했던 민족의 축제 다.(『삼국유사』)

천제 문화는 이후 중국을 큰집으로 받드는 조선 왕조 유 학자들의 사대주의 근성과 명나라의 압력으로 세조 때부터 중단되었다가 근세에 이르러 잠시 복구되었다.

조선의 국운이 기울어져 가던 조선 말, 1894년에 일어났 던 동학혁명에서 충격을 받은 고종이 그 3년 뒤인 1897년 에 원구단을 쌓고서 상제님께 천제를 올리고 황제에 즉위한 것이다.

고종 황제는 나라 이름을 '대한제국大韓帝國'으로 바꾸고,

'광무光武'라는 독자적인 연호를 사용하였다. 우리나라 국
호 대한민국이 여기서 비롯된 것이다. 다시 말하면 우리나
라의 이름을 되찾은 것이 동방의 상제문화를 회복하려 했던
고종 황제의 절규에서 이뤄진 것이다.

역사의 혼을 잃어버린 한민족

　그럼에도 불구하고 그 후손인 우리는 상제문화를 다 잃
어버렸다. 그것은 중국과 일본의 고대사 왜곡 때문이다.
　우리나라 역사에 대해 중국인들은 '은나라 말에 중국인
기자箕子가 세운 기자箕子조선'에서 시작되었으며, 일본인들
은 '위만衛滿조선'에서 시작되었다 한다. 그들의 주장대로
라면 조선의 역사는 2,200년밖에 안 된다.
　그리고 우리 대한민국 초ㆍ중ㆍ고의 역사 교과서를 보면
4,353년 전에 단군이 고조선을 건국했다고 하면서 실제 우
리 역사는 약 2,700년이라고 한다. 또 위만이 쳐들어 와서
위만조선이 단군조선을 계승했다는 것이다. 대한민국의 역
사는 4,353년에서 2,700년 사이의 과정이 깨끗이 사라지
고 없는 유령의 역사다.

홍산 문화로 드러난 한민족 상고사의 실체

그런데 최근 약 100년에 걸쳐 이루어진 발굴 작업을 통해, 동방 한민족(동이족) 문화의 터전이었던 요하 지방에서, 중국의 황하 문명을 낳은 우리의 고대 문명이 그 위용을 드러냈다. 이것은 기존에 밝혀진 4대 문명권보다 2천~3천 년이나 앞선, 인류의 창세 문명이자 최고最古 문명이다. 홍산 문화라고 일컫는 한민족 배달국의 문화 유적이 발굴된 것이다.

여기에서 상제님께 천제를 올린 제단이 발굴되었는데, 그 길이가 동서로 160m, 남북으로 50m나 되는 대형 천단이다. 그 모양을 보면 제단의 앞 쪽은 원 모양으로 되어 있고, 중앙은 사각형으로 되어 있다. 이를 '천원지방天圓地方'형이라 하는데, 이는 '하늘의 정신은 원만하고, 땅의 정신은 방정하다'는 뜻이다. 중국 북경의 천단 공원과 우리나라 강화도 마리산에 남아 있는 제천단도 천원지방 형이다. 그 원형原型이 바로 우하량 제단인 것이다. 그리고 이곳에서 여신묘, 돌무지무덤, 천자를 상징하는 용龍과 봉황鳳凰의 형상물, 그리고 상제문화의 상징인 옥玉 유물도 수천, 수만 점이 나왔다.

옥은 하나님의 마음을 상징하는 가장 순수한 자연 보석이다. 그래서 상제님이 계신 하늘을 옥경玉京, 또는 옥황玉皇이라고 하며 상제님을 **옥황상제**라고 부르는 것이다.

학자들은 발굴된 옥 유물들에 대해, 지금의 과학 기술로도 그렇게 정교하게 구멍을 뚫고 갈기가 어렵다고 한다. 중국의 일부 학자들은 이 지역에서만은 신석기에서 청동기로 넘어가기 전에 옥기 시대가 있었다고까지 이야기를 한다.

이로써 그동안 일제에 의해 왜곡되어 신화로만 알고 있었던 한민족의 고대 나라인 '환국·배달·단군조선'이 엄연히 실제로 존재했던 나라라는 명백한 근거가 드러난 것이다. 이 때문에 자기네 문화가 인류 문화의 원류라는 자부심을 갖고 있던 중국이 발칵 뒤집어졌다. 유적이 발굴되자 중국 정부와 역사학자들은 재빨리 홍산 문화를 중국 문화로 편입시켜 버렸다. 그것이 바로 2002년부터 시행한 그 유명한 동북공정東北工程이다. 동북공정이란 현재의 중국 땅 안에서 일어났던 이전의 모든 역사를 중국의 역사로 만드는 연구 프로젝트를 말한다. 이렇듯 중국은 상고사를 전면 재편하여 중국 문명의 기원을 황화에서 요하로 끌어올리고 우리의 역사를 완전히 자기네 역사로 왜곡시킨 교과서를 만드는 국사수

정공정國史修訂工程을 본격화하고 있으며, 이렇게 왜곡된 역사를 다양한 방법을 동원하여 전 세계에 알리고 있다.

이렇게 중국이 한민족 역사를 유린하고 있는데 정작 이 땅의 정치가나 역사학자들은 대부분 외면하면서 침묵만 지키거나 '우리 한민족과는 무관하다'는 말만 되풀이하고, 더 나아가서는 그들의 논리에 동조하고 있다. 이것이야말로 뿌리 깊은 사대주의의 연장인 것이다.

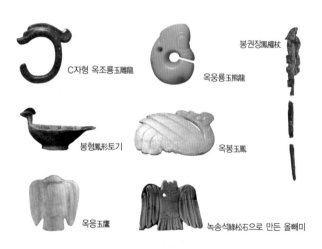

C자형 옥조룡玉雕龍

봉권장鳳權杖

옥웅룡玉熊龍

봉형鳳形토기

옥봉玉鳳

옥응玉鷹

녹송석綠松石으로 만든 올빼미

동방 '상제 · 천자문화'의 상징물 옥기玉器

묘廟(신전) 단壇(제천단) 총塚(무덤)

우하량 제1지점의 여신전 터
(1984년 발굴)

제천단과 무덤이 나란히 발굴된
우하량 제2지점(1983년 발굴)

지방 地方   천원 天圓

천원지방의 우주사상을 근본으로 한
5500~6000년 전 하나님 문화의 원형제단 발굴

천지의 주인이신 상제님께 천제를 올린 제천단.

우하량 적석총과 원형 제단: 홍산 문화의 대표 유적인 우하량牛河梁 유적. 길이가 동서로 160m, 남북으로 50m다. 이 일대에는 방형 적석총, 그리고 조상신과 상제님께 제사 지낸 원형 제단[壇]과 여신묘女神廟 같은 신전[廟]이 발굴되었다. 방형方形으로 된 적석총과 원형圓形으로 된 적석제단은 3중으로 둘레를 쌓았다. 천원지방天圓地方 사상과 이에 따른 묘제는 동방 배달과 고조선의 고유문화다.

대병란을 넘어
생존의 길로

1. 전쟁과 질병대란이 함께 온다
2. 생존의 길
3. 밝아오는 지상낙원

전쟁과 전염병은
언제나 음양 짝으로 몰려와
인간의 삶을 뒤흔들었다.

인류 창세 문명의 발상지인 동북아 한반도에서
머지않아 선천 원한의 역사를 종결짓는
상씨름 한 판 승부가 벌어진다.

이때 큰 가을의 서릿발 기운을 타고
괴질병이 지구촌을 휩쓴다.

이 진멸의 위기에 직면한 인류에게
동방의 치유 문화가
세계 구원의 핵심 코드로 자리 잡는다.

지구촌 문명 대전환의 소용돌이에서
인류를 살려 내는 유일한 성약聖藥,
그것은 무엇일까?

the Secret

전쟁과 질병대란이
함께 온다

장차 전쟁은 병으로써 판을 막으리라.

앞으로 싸움 날 만하면 병란이 날 것이니

병란兵亂이 곧 병란病亂이니라.

(『도전道典』 7:35:5~6)

상제님은 "난리가 나간다, 난리가 나간다, **난리가 나가고 병이 들어온다**"(5:336:9), **"난은 병란이 크니라"**(2:139:7)라고 하셨다. 머지않아 전쟁이 일어나고 거의 동시에 질병대란이 들어온다는 말씀이다. 본서에서 이러한 상황을 비교적 상세히 전하는 것은, 바로 그 일이 눈앞에 벌어졌을 때 독자들이 즉각 대비할 수 있도록 하기 위한 것임을 알아 주기 바란다.

• 내 집안, 내 동기간, 내 자식이라고 다 사는 것이 아니요, 내 자식도 복이 있어야 사느니라. … 그때는 문중에 한 사람만 살아도 그 집에 운 터졌다 하리라. 산 사람은 꿈에서 깬 것같이 될 것이다. (7:24:6, 7:36:5~6)

이 말씀을 새기면서 160여 년 전, 상제님에게서 도통을 받고 동학을 연 수운 최제우가 '십이제국 괴질 운수 다시 개벽 아닐런가' 라고 전한 질병대란이 어떻게 일어날 것인지 구체적으로 살펴보자.

1. 인류의 운명을 가르는 마지막 한 판 승부

선천의 질서가 붕괴된다

1908(무신)년에 상제님이 충청도 장항에서 상씨름이 넘어가는 과정에 대해 공사를 보신 것이 있다. 상제님께서는 이때 **"파탄이 나간다. 파탄이 나간다"**(5:303:10)라고 말씀하셨다.

파탄破綻이란 '깨뜨릴 파破' 자에 '찢어질 탄綻' 자, 깨지고 찢어진다는 뜻이다.

무엇이 깨지고 찢어진다는 말씀일까? 그것은 선천 인류

의 삶을 지탱해 온 자연과 문명과 인간의 모든 질서가 가을 개벽의 대 전환기에 총체적으로 무너질 수밖에 없음을 뜻한다. 즉 선천의 여름철 말기를 유지해 온 세계 질서가 가을의 문턱에서 여러 가지 변혁의 충격을 이겨내지 못하고 서릿발 기운과 함께 터지는 대병란에 의해 파국을 맞는 것이다.

지금은 그 누구도 손써 볼 수 없을 정도로 대자연이 병들었고, 천지는 지난 수천 년 동안 쌓여 그 누구도 해결할 수 없는 뿌리 깊은 원한으로 가득 차 있다. 그리하여 하늘과 땅, 인간과 신들마저도 완전히 새롭게 태어나야 하는 것이다.

그럼에도 인류는 오직 무한 경쟁 체제 속에서 이윤과 성장만을 추구하며, 멈추지 않는 열차처럼 파멸의 극점을 향해 내달리고 있다. 개인도, 국가도 선천 상극의 의식과 문화에 매몰되어 상제님의 가을 개벽 문화 소식을 전혀 수용하지 못하고 있다. 그래서 상제님의 상생 문화권으로 넘어가기 위해 이 세상은 상극의 기운이 한 번 크게 폭발하지 않을 수 없는 경계에 부딪히고 만다. 이 때문에 선천 여름의 끝매듭기에서 **'병란 도수'**로 파탄이 나게 되는 것이다.

결코 피할 수 없는 전쟁, 상씨름

증산 상제님은 가을 대개벽을 앞두고 이 우주를 무너뜨릴 정도로 극에 달한 신명들의 원한을 끌러 주시기 위해, '애기판 – 총각판 – 상씨름'의 세 차례 씨름 공사로 새 판을 짜 놓으셨다. 그리고 지금 세계사의 대세는 '상씨름의 마무리 운'으로 들어서고 있다.

본래 '상씨름'은 씨름 경기에서 마지막 승자를 가리는 결승전을 일컫는 말이다. 상씨름에서 '상上'은 '더 이상이 없는', '궁극의', '마지막'이라는 뜻이다. 따라서 상씨름은 인간 역사상 '가장 강력한 대결 구도'를 뜻한다. 선천 **인류사 최후의 대전쟁**. 그러니 얼마나 참혹하겠는가. 상제님이 천지공사로 짜 놓으신 그대로, 상씨름은 선천 상극의 원한을 다 풀어 줌으로써 비극의 역사를 새 희망의 역사로 반전시켜, 인류 문명을 상생으로 거듭나게 하는 최후의 한 판 승부이다.

이 상씨름 대전쟁은 초반 전쟁 이후 삼팔선을 가운데 두고 남북으로 대치하고 있는 한반도에서 마지막 마무리를 짓는다.

- 상씨름으로 종어간終於艮이니라. 전쟁으로 세상 끝을 맺나니 개벽시대에 어찌 전쟁이 없으리오.

  (5:415:1~2)

'좋어간' 이란, 상제님이 강세하신 이 한반도를 중심으로 선천 상극의 역사를 종결짓는다는 것이다.

왜 남북 상씨름으로 역사의 흐름을 바꾸시는가

상제님은 왜 하필 동방 땅 한반도에서 상씨름으로 선천 세상을 끝맺고 가을 천지의 새 역사를 여시는가?

한민족은 동북아시아의 주인공이다. '동東'은 해가 떠오르는 곳이다. 어둠을 뚫고 새 날의 태양이 동방에서 떠오르듯, 동북아 한반도에서 새 역사의 태양이 떠오른다. 그래서 제2부 3장에서 살펴본 것처럼 선천 성자들이 하나같이 동방 땅에서 구원의 주인공이 오실 것을 전했던 것이다.

동북아에서 상씨름 전쟁이 발발하는 필연적인 이유가 또 있다. 5천 년 전, 이곳은 상고시대 동방문명의 종주권을 놓고 한민족 치우천황과 중국 한족 황제헌원이 대결을 벌였던 지역이다. 게다가 중국과 일본은 오랫동안, 동방의 창세 문명을 연 상제문화의 주인공이자 자기네들에게 문화를 전수해 준 큰 스승인 한민족의 역사를 말살하고 부정해 왔다. 오늘날 중국의 동북공정東北工程이나 일본의 역사 교과서 왜곡도 한민족의 역사를 말살하려는 음모의 일환이다.(『개벽 실제상황』 참고) 이러한 동북아의 오랜 '역사

전쟁' 불의不義는 가을개벽이 아니면 결코 바로잡을 수 없다. 그래서 상제님이 한반도를 중심으로 한 상씨름을 통해 동북아와 이 세계의 모든 것을 바로잡으시는 것이다.

상제님은 동북 간방에서 상씨름의 마지막 승부를 가려, 선천 세상의 모든 악업과 고통을 끝내고 상생과 조화의 새 세상을 열게 하셨다. 상씨름 전쟁으로 선천 역사는 종말을 고하고 새 역사가 열리게 된다.

세계의 화약고, 한반도

그러면 상씨름의 마무리는 어떻게 전개되는가?

상씨름의 초판 싸움이 일어났을 때, 전 세계 19개국이 참가하여 국제전의 양상을 띠었다. 현재 남북 상씨름의 마지막 힘겨루기 역시 동서 강대국이 개입하여 세계적인 대결 양상을 보이고 있다. 남·북한[바둑판 주인]과 지구촌 4대 강국인 미·일·중·러[네 신선]가 파워 게임을 하는 6자회담 구도는 상제님께서 집행하신 **오선위기 공사**가 역사의 현실로 드러나고 있음을 실감할 수 있는 사례이다.

천지 정사政事를 주관하시는 증산 상제님은 상씨름 끝판을 마무리하는 대공사를 이렇게 처결하셨다.

• 문득 "상씨름이 넘어간다!"고 외치시니라. (5:325:9)

- 아무리 세상이 꽉 찼다 하더라도 **북쪽에서 넘어와**
  야 끝판이 난다. 난의 시작은 삼팔선에 있으나 큰
  전쟁은 중국에서 일어나리니 중국은 세계의 오고
  가는 발길에 채여 녹으리라. (5:415:3~4)

  이 동북아에는 지금 지구촌의 화력이 총집중되어 있다.
남북한을 비롯하여, 한반도 정세에 깊숙이 관여하고 있는
미 · 일 · 중 · 러가 모두 막강한 군사력을 비축하고 있다.
지구촌의 화약고 동북아 한반도!

  만약 한반도에서 상씨름의 막판 승부가 펼쳐지고 그 전
쟁의 여파가 세계로 확산되면 어떤 상황이 벌어질지, 과
연 우리가 생화학 무기와 핵무기 등의 대량 살상무기가
동원되는 최악의 상황을 피할 수는 있을지 염려하지 않을
수 없다.

상씨름을 마무리 짓는 손길, 병란病亂

  과연 상제님은 상씨름이 어떻게 마무리되도록 틀을 짜
놓으셨을까? 과거 인류 문명사에서 전쟁과 전염병은 이
란성 쌍생아처럼 언제나 함께 일어났다. 증산 상제님께서
천지공사를 보신 후(1901~1909) 지난 100년 세월 역시 오
선위기 씨름판을 중심으로 한 큰 전쟁[兵亂]과 질병[病亂]
의 역사였다.

애기판인 제1차 세계대전은 스페인독감(1918~1919)으로 약 5천만 명에서 1억 명의 희생을 치르면서 끝났고, 총각판 제2차 세계대전은 1945년에 히로시마와 나가사키에 원자탄이 떨어져 수많은 사람에게 원자병이라는 참혹한 고통을 안기면서 일본의 패망으로 종결되었다.(원폭 투하 이후 37만 명이 직·간접적인 피해와 고통을 호소하였으며 사망자는 24만 명에 달한다.)※

상씨름 상황도 마찬가지다. 상제님께서는 앞으로 상씨름 대결전이 일어나면 모든 것이 파멸될 수밖에 없는 긴

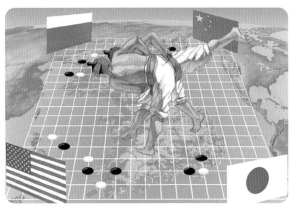

상씨름. 한국전쟁과 지구촌 최후의 대결

※ 윌프레드 버체트 지음, 표완수 옮김, 『히로시마의 그늘』, 창작과 비평사, 1995.

박한 상황에서 대병란이 몰려와 전쟁이 종결되도록 프로
그램을 짜 놓으신 것이다.

- 장차 병란兵亂과 병란病亂이 동시에 터지느니라. 전
  쟁이 일어나면서 바로 병이 온다. 전쟁은 병이라야
  막아 내느니라. (5:415:5~6)

이병제병以病制兵, 즉 **질병[病]으로 전쟁[兵]을 제어하신
다**는 말씀이다. 상제님은 "앞으로 싸움 날 만하면 병란이
날 것이니 병란兵亂이 곧 병란病亂이니라"(7:35:6)라고 하셨
다. 곧 병란病亂이 전쟁 초반에 일어나 '전쟁의 지속을 단
번에 종결짓는다.' 왜냐하면 앞으로 일어나는 전쟁은 핵
과 생화학 무기 등 대량 살상 무기가 모두 동원되어 인류
를 단기간에 전멸시킬 가능성이 매우 높기 때문이다. 그
런 최악의 상황을 방지하는 **'희망의 손길'로 질병대란이
일어나는 것이다**. 오늘날 핵무기와 괴질은 현대 도시 문
명의 존속을 위협하는 치명적인 두 요인으로 손꼽히는데,
상제님은 바로 病으로써 핵무기가 제어되도록 하신 것이
다. 이것이 '불 화' 자, '숨길 둔' 자, 화둔火遁 공사이
다.(『개벽 실제상황』 참고)

그럼 장차 상씨름이 지구촌 병란病亂 상황으로 넘어가면
이 세계는 어떻게 되며 3년 질병대란은 구체적으로 어떻

게 전개되는지 알아보자.

2. 질병대란, 어떻게 전개되는가

전염병이 몰려오고 있다

20세기와 21세기에 걸쳐 지구촌에는 이미 소병小病의 병란이 여러 차례 일어나 인류 문화의 전 영역을 뒤흔들었다. 제1부에서 살펴보았듯이 지난날 수그러들었던 결핵, 페스트, 말라리아, 콜레라 같은 병들이 다시 기승을 부리고, 에이즈, 에볼라 등 새로운 병들도 30여 종이나 생겨났다. 전문가들은 더욱 강력한 살인마 같은 변종이 반드시 일어날 것이라는 최악의 시나리오를 끊임없이 경고하고 있다.

하지만 이 같은 전염병들은 앞으로 무시무시한 공포를 가져올 3년 질병대란에 비하면 **단지 서곡에 불과**할 뿐이다.

- 앞으로 만병이 들어오느니라. (11:264:6)
- 병겁이 '처음에는' 약하다가 '나중에는' 강하게 몰아쳐서 살아남기가 어려우리라. (5:291:4)
- 동남풍이 불면 살 수 없는 병이 오느니라. (6:60:6)

즉, 상제님의 공사에 따라 이 소병들이 극점에 다다르면 가을 대개벽의 실제상황으로 몰고 들어가는 또 다른 무서운 병이 터진다. 그것이 바로 시두(천연두)의 폭발이다. 시두는 병란 개벽을 몰고 오는 길 안내자 역할을 하는 것이다.

대병란의 전조, 시두가 대발한다

시두는 어떤 병인가?

시두는 마마, 두창, 천연두라고도 하며 **사람 몸의 수기水氣를 말려서 죽이는 매우 끔찍한 병**이다. 18세기 무렵에는 유럽 전역의 장님 중 3분의 1이 바로 시두 때문이었다.[※] 일단 시두에 걸리면 아주 무섭게 앓다가 흉측한 몰골로 죽고, 다행히 낫는다 하더라도 곰보가 되고 만다. 증산 상제님께서는 시두 대발에 대해 어떻게 말씀을 하셨는가?

- 앞으로 시두가 없다가 때가 되면 대발할 참이니 만일 시두가 대발하거든 병겁이 날 줄 알아라. (7:63:9)

시두는 1960년대 초까지만 해도 31개 국가에서 풍토병으로 남아 있었다. 세계보건기구가 전 세계적인 시두 박

※ 버너드 딕슨 지음, 이재열 옮김, 『미생물의 힘』, 사이언스북스, 2002.

멸 운동을 시작하던 1967년 당시에는 그 감염자 수가 10억 명에 달해 있었다.

그런데 "앞으로 시두가 없다가 …"라는 상제님 말씀이 그대로 실현되어, 1977년 아프리카의 소말리아에서 발생한 환자를 끝으로 시두가 더 이상 발병하지 않았다. 그리하여 1980년 5월 8일, 세계보건기구는 "지구상에서 시두라는 질병은 완전히 사라졌다"고 선언했다. 국내에서도 1979년부터 예방 접종을 중단하고 1993년 11월, 제1종 법정 전염병 목록에서 삭제했다.

하지만 2001년, 9·11 사태 이후 전 세계가 생화학 테러의 위험 속으로 빠지면서 시두라는 이름이 다시 공포의 대상으로 떠올랐다. 우리나라도 2002년에 시두를 다시 법정 전염병으로 지정하였으며, 이후 거의 매년 시두 테러 대비 훈련을 실시하고 있다. 시두 바이러스를 무기로 사용할 가능성과 함께 **시두가 재발할 위험이 높아졌기 때문**이다. "때가 되면 시두가 다시 대발한다"는 상제님의 말씀이 언제 현실화될지 모르는 상황이 된 것이다.

"시두가 대발하면 병겁이 날 줄 알라" 하신 증산 상제님의 말씀을 보면, 시두는 단순한 전염병이 아니다. 천지에 병란 개벽을 몰고 오는 전령傳令임을 독자들은 기억해야 한다.

즉 시두가 크게 일어나는 것[大發]은 **가을개벽의 대병란이 임박했음을 알리는 경계경보**로서, **선천 역사의 끝과 후천 새 역사의 시작을 암시**한다.

질병대란은 신神이 일으키는 것

그러면 시두 대발 후 질병대란은 어떻게 일어나는 것일까?『도전』에는 질병대란 발생 상황에 대한 참으로 충격적인 상제님의 말씀이 있다.

* 병겁이 들어올 때는 '약방과 병원'에 먼저 침입하여 전 인류가 진멸지경에 이르거늘 … 병겁이 돌 때는 세상의 모든 의술이 무용지물이 되느니라. (7:37:1, 7:39:3)

일단 병란이 일어나 들어오기 시작하면 현대 의술과 약이 무용지물이 된다는 말씀이다. 왜 그런 것일까? 그것은 바로 질병대란이 신神의 손길로 일어나는 것이기 때문이다.

"추지기秋之氣는 신야神也라"(6:124:9), 곧 '가을의 기는 신이다' 라는 상제님의 말씀이 있다.

가을은 초목 등 모든 생명이 열매를 여무는 때이다. 인간도 모든 상극의 요소를 극복하고 신이 추구하는 궁극의

시두(천연두)

시두는 인류 역사상 최초의 전염병이다. BCE 1157년 이집트 람세스 5세의 미라에서 발견된 시두의 흔적이 가장 오래되었으며, 중국에서는 BCE 1112년에 시두가 발병하였음을 보여주는 기록이 있다. 시두는 바리올라 variola 바이러스에 의해 발생한다. 16세기부터 시두는 smallpox로 불렸는데, 이는 15세기 후반 유럽을 강타한 great pox(매독syphilis)와 구별하기 위해서였다. 물리적으로는 바이러스에 의해서 일어나는 병이지만 이면에는 시두를 다스리는 신명, 곧 '시두손님'이 있다.(The Power of Plagues)

증상

1. 기침이나 콧물로 바이러스 전파. 바이러스가 임파선으로 침투, 혈액을 따라서 내부 장기로 이동한다.
2. 잠복기는 8일에서 14일(평균 12일). 처음엔 감기와 증상이 비슷, 심한 피로와 고열, 두통과 오한, 구토, 경련이 일어난다.
3. 얼굴과 팔에 납작하고 붉은 종기가 나면서 온몸에 퍼진다.
4. 결국 폐에 피가 고여서 죽게 된다. 다행히 회복되는 경우, 피부의 농포가 가라앉으면서 딱지가 형성되고 딱지가 떨어지면 곰보 흔적이 남는다.
   (Rotting face smallpox and the American Indian)

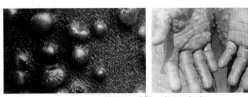

시두로 인한 피부 발진

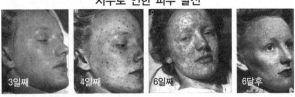

시두의 진행과정
감염된 지 6개월 후에는 얼굴에 흉터가 남고 눈썹과 속눈썹이 사라진다. (C. W. Dixon, Smallpox, 1962.)

가치 즉, 성숙, 조화, 하나됨을 이루어야 한다. 바로 이 궁극의 이상을 인간이 신과 하나 되어 이루는 것이다. 그래서 가을이 되면 모든 조상신이 자손에게 내려오고 민족에게는 민족의 조상신이 들어온다.

그렇게 신과 하나가 되어 이 지상에 고통이나 억울한 죽음, 비극적 재앙이 일절 없는 이상 낙원을 건설한다. 인간의 이기적인 마음이 사라지고 모든 제도가 완성되고, 각 나라와 부족 간의 갈등이 다 없어진다. 신이 들어와 그 꿈이 이루어지는 것이다.

질병대란도 상제님의 명을 받은 천상의 신장들이 내려와 가을의 서릿발 기운으로 다스리는 것이다. 그렇기 때문에 인간은 누구도 죽음을 피할 수가 없다. 이것이 천지의 공도公道이다. 천지는 사私가 없다.

이렇듯 괴질병은 가을 천지에서 오는 병이며, **신도에서 다스리는 병**이니, 어떻게 약이나 의술로써 극복할 수 있겠는가? 우주의 봄철에 인간이 태어나 분열 성장하는 것도 천지의 법칙이지만, 성숙하지 못한 모든 생명을 죽이는 숙살법[심판]도 천지의 법칙이다. 일찍이 깨달음을 통해서 이것을 본 동서양의 영지자들이 '하늘에서 불이 내려온다, 귀신들이 날아다니며 불을 떨어뜨린다'(남사고), '공포의 대왕(지구촌 병란 심판을 집행하는 우두머리 신장)이 내려온다'(노스트라다무스)고 전한 것이다.

무법 3년 세상

대병란이 터지면 세상은 삽시간에 아비규환으로 변하고, 세계 의학 전문가들이 모여 대책을 세우고 서둘러 역학 조사를 하는 등 전 지구적인 초비상 사태가 선언될 것이다. 도시의 기능은 완전히 마비되어 상하수도, 전기, 도시가스, 교통, 통신 시설이 제 기능을 수행하지 못해 생명 유지에 필요한 최소한의 물과 식료품조차 구하기 어려워진다. 기성 종교도, 국가도 대병란으로 희생되는 사람을 위해 아무것도 해 줄 수 없는 총체적인 극한 상황이 전개된다. 상제님은 각 지역의 법法질서마저 모두 무너질 것이라고 말씀하셨다.

- 앞으로 무법無法 삼 년이 있다. 그때는 사람들이 아무 집이나 들이닥쳐 같이 먹고살자고 달려들리니 내 것이라도 혼자 먹지 못하리라. (7:34:6~7)

게다가 한꺼번에 너무도 많은 사람이 죽어 넘어가기 때문에 시체를 처리할 수도 없게 된다. 상제님께서 하루는 어느 도회지를 바라보시며 이런 말씀을 하셨다.

- 방안떨이*가 동네떨이요, 동네떨이가 고을떨이

요, 고을떨이가 천하떨이니라. 너희들, 도시 송장 어찌할 것이냐. 송장, 송장 말이다! 코도 못 들겠다. 시골 송장은 오히려 가소롭다. (7:49:2~3)

- 송장 썩는 냄새가 천지에 진동하여 아무리 비위脾胃가 강한 사람이라도 밥 한 술 뜨기가 어려우리라. (4:39:3)

적게는 수십만에서 많게는 천만이 넘는 지구촌의 대도시 전체가 거대한 무덤이 되고 만다니, 실로 참혹한 광경이 아닐 수 없다. 과거 조류독감이나 구제역이 돌 때 수백만 마리의 닭과 오리가 일시에 살殺처분 되어 한꺼번에 매몰되었다. 바로 그와 같은 상황이 우리 인간에게도 닥치는 것이다.

그렇다면 도대체 병이 퍼지는 속도가 얼마나 대단하기에, 그렇게 많은 사람들이 한순간에 다 넘어가는 것일까?

- 이 뒤에 괴병이 돌 때는 자다가도 죽고 먹다가도 죽고 왕래하다가도 죽어, 묶어 낼 자가 없어 쇠스랑으로 찍어 내되 신 돌려 신을 정신도 차리지 못하리라. 병이 여기저기서 정신없이 몰아 올 적에

※ 떨이. 사람이 모두 죽어 시체를 떨어낸다는 의미

는 '골치 아프다', '배 아프다' 하면서 쓰러지나
니…. (7:36:1~3)

인류는 지금까지 이런 괴병을 한 번도 경험해 본 적이
없다. 상제님의 대행자이며 종통 계승자이신 태모 고 수
부님께서도 "괴질의 기세가 워낙 빨라 약 지어 먹을 틈도
없을 것이요, 풀잎 끝에 이슬이 오히려 더디 떨어진다"
(11:386:2)라고 경계하셨다. 마치 가을날의 차가운 서릿발
에 낙엽이 우수수 떨어지듯, 인간이라는 우주의 생명나무
가 '가을 천지의 숙살 기운'에 의해 **'한순간'**에 쓰러져 생
사가 결정되어 버리는 것이다.

대병이 처음 터지는 곳은

여기서 독자들은 무엇보다 괴질이 어디에서 처음 시작
되는지, 그것이 가장 궁금할 것이다.

상제님의 수종을 들던 성도들도 이에 대해 몹시 궁금하
게 여겼다. 성도들이 상제님께 괴병이 어느 나라에서 먼
저 발생하게 되는지 여쭙자 상제님은 "구원의 도가 있는
조선"(7:40:2)이라고 말씀해 주셨다.

왜 하필 조선일까? 그것은 상제님이 인간으로 오셔서
구원의 법방을 내려 주신 곳이 동방 조선이기 때문이다.

또한 동북아 **한반도는 인류 창세 문명의 발상지이다.** 꽃이 피었다가 떨어진 자리에서 열매를 맺듯이, 선천 문명이 시작된 간방 한반도에서 선천 상극의 갈등과 원한의 역사가 막을 내리고, 후천 지구의 통일 문명 시대가 시작된다. **종어간 시어간**終於艮始於艮, 간방에서 마치고 간방에서 시작되는 것이 자연의 이법이다. 바로 이 때문에 **조선에서 질병대란이 일어나는 것이다.**

증산 상제님께서는 괴병이 어느 지역에서 어떻게 발병하여 확산되는지 그 경로까지 상세히 밝혀 주셨다.

살처분 되는 가금류. 한꺼번에 구덩이에 묻히는 오리와 포대를 뚫고 머리를 내민 닭의 모습은 대병란을 목전에 둔 우리에게 많은 생각을 하게 한다.

• 이 뒤에 병겁이 군창群倉(군산)에서 시발하면 전라
  북도가 어육지경魚肉之境※이요 광라주光羅州(광주와
  나주)에서 발생하면 전라남도가 어육지경이요,
  인천㳌에서 발생하면 온 세계가 어육지경이 되
  리라.
  이후에 병겁이 나돌 때 군창에서 발생하여 시발
  처로부터 이레(7일) 동안을 빙빙 돌다가 서북으
  로 펄쩍 뛰면 급하기 이를 데 없으리라. 조선을
  49일 동안 쓸고 외국으로 건너가서 전 세계를 3
  년 동안 쓸어버릴 것이니라. (7:41:1~5)

이것이 바로 동학의 최수운이 전한 '아동방 3년 괴질
다시 개벽' 상황인 것이다.

이 말씀으로 보면 괴질은 전라도 지역에서 처음 터져
나와 한반도 전체를 49일 동안 휘몰아치다가, 국제공항
이 있는 인천을 거쳐 전 세계로 퍼져 나가 현대 문명을 싹
쓸이하듯 침몰시킨다는 사실을 알 수 있다. 2020년 중국
신종 코로나바이러스 사태 때, 춘절을 맞아 공항을 통해

※ **어육지경魚肉之境.** 짓밟히고 으깨어져 아주 결딴난 형상. 한반도는
풍수지리학상 활선어출수형活鮮魚出水形(싱싱한 물고기가 물을 박차
고 나오는 형국)인데 그 중 배에 해당하는 부분이 전라도다.

중국을 빠져나간 사람들을 통해 전염병이 순식간에 퍼졌듯이, 인천에 괴질이 퍼지면 얼마나 다급하게 괴질이 진행될지 짐작할 수 있을 것이다.

그렇다면 이러한 질병대란은 인류사에 어떤 의미가 있는 것일까?

천지와 인간이 총체적으로 바뀐다

질병대란에는 후천가을의 개벽 시운을 맞아 모든 인류에게 원한을 품게 한 선천 상극의 기운을 깨끗이 씻어내고 천지 안의 불의를 완전히 뿌리 뽑는, '하늘과 땅과 인간, **우주 삼계 차원의 역사 심판**'이라는 의미가 있다.

그리고 선천 상극 질서에 갇혀 온갖 죄악을 거리낌 없이 저질러 온 인간을 '**천지 부모와 한마음**'으로 살아가는 **가을의 성숙한 신인간으로 거듭나게 한다**는 데 큰 의미가 있다. 그래서 이름 하여 '다시 개벽'이라고 하는 것이다.

선천의 종교 문화에는 흑사병, 에이즈 등 지금까지의 병란도 극복할 법방이 없었다. 더욱이 앞으로 오는 병란은 현대 문명이 완전히 붕괴되고 천지의 질서가 바뀌는 차원에서 오는 대병이다. 그러므로 인류는 오직 천지의 원 주인이신 우주 통치자, 천지 조화권을 쓰시는 증산 상제님의 도법을 통해서만 질병대란에서 살아남게 된다.

바로 이 병란을 극복하는 과정에서 종교 간의 소통을 가로막고 있던 묵은 신앙의 장벽이 여지없이 무너지고, 선천에 쌓여온 크고 작은 모든 부조리와 갈등이 해소된다. **온 인류가 상생의 한마음으로** 새로 태어나 상제님의 문화가 새로운 통일 문화로 자리 잡는다. 병란은 병든 천지와 인간을 완전히 치유하여 인류에게 **'세계 일가 통일 문명'**을 열어 주는 가교 역할을 하는 것이다. 즉, 병란은 인간 역사의 모든 문제를 한꺼번에 해결하여 이 세상을 더욱 성숙한 문화로 나아가게 하는 천지의 손길인 것이다.

이제 3년 **질병대란의 의미**를 간단히 정리해 보자.

첫째, 병란은 **상씨름의 대파국을 끝막고 세계가 핵전쟁으로 궤멸되는 것을 막아낸다.**

둘째, 병란은 **'지구촌 온 인류가 한마음의 가을인간'으로 거듭나게 하는 결정적 계기**가 된다. 곧 자연의 상극 법칙 때문에 생긴 '뿌리 깊은 원한의 상처'를 치유할 뿐만 아니라 동서양 여러 민족의 닫혀 있는 의식과 문화 장벽을 '일시에' 허물어 소통과 개방을 촉진시킨다.

셋째, 병란은 인류 역사가 **후천 가을의 성숙한 문화로 도약**하도록 이끌어 준다. 즉 병란으로 선천의 문화가 붕괴되고 인간의 영성을 성숙시키는 새 문명이 태동한다.

넷째, 병란은 지구촌 전 인류의 씨종자를 공정하게 추려 내는 **정의로운 심판과 구원의 손길**로 작용한다. 상제님은 "병겁으로 사람을 솎아야 사私가 없다. … 장차 천지에서 십 리에 사람 하나 볼 듯 말 듯하게 다 죽일 때에도 씨종자는 있어야 하지 않겠느냐"(7:38:8, 8:21:2)라고 하셨다.

병란은 선천의 묵은 하늘에서 내려오는 죽음의 기운인 동시에 상생의 새 우주 낙원을 건설하기 위해서 지난 상극의 역사를 총체적으로 정리하고, 후천 선경에 뿌릴 각국의 인종 씨를 추리는 '통과 의례'인 것이다.

개벽의 마지막 관문, 지축 이동

그런데 여기서 독자들의 가슴을 다시 한 번 철렁하게 하는 이야기를 해야겠다. 병란兵亂, 병란病亂과 더불어 가을철의 새로운 세상을 맞이하기 위한 마지막 관문이 있다. 주검이 새우 떼 밀리듯 하는 **병란의 중심 상황에서 기울어진 지축이 크게 이동한다.** 이때의 충격이 어떨지 한번 상상을 해 보라.

- 동서남북이 눈 깜짝할 사이에 바뀔 때는 며칠 동안 세상이 캄캄하리니 그때는 불기운을 거둬 버

려 성냥을 켜려 해도 켜지지 않을 것이요, 자동차
나 기차도 움직이지 못하리라. 천지이치로 때가
되어 닥치는 개벽의 운수는 어찌할 도리가 없나
니 천동지동天動地動 일어날 때 누구를 믿고 살 것
이냐! 울부짖는 소리가 천지에 사무치리라. 천지
대도에 머물지 않고서는 살 운수를 받기 어려우
니라. (2:73:2~7)

산이 뒤집히고 땅이 쩍쩍 벌어져 갈데없는 난리 속에서
자식이 지중하지만 손목 잡아 끌어낼 겨를이 없
다.(2:139:3) 세상은 생지옥으로 화하여 산 자는 오히려 죽
은 자를 부러워할 것이다.

문인이자 영능력자로 천상의 신명들과 소통한 미국의
루스 몽고메리Ruth Montgomery는 "지구의 극이동은
자연섭리로, **지구 자체의 정화cleaning를 위한 필연적인
과정**이다. 지구의 극이동은 **눈 깜짝할 사이**에 마치 지구
가 한쪽으로 넘어지는 것처럼 일어난다. 지구는 본래의
공전궤도를 이탈하여 요동칠 것이다. **살아남을 사람의 숫
자는 1억1명이다**"라는 메시지를 전했다.

또한 1975년, 일본의 도승 기다노 케이호우北野惠宝는 천
지신명으로부터 **"앞으로 세계 지도가 바뀐다. 일본은 20
만 명**이 살아남는다. **한국**은 세계에서 가장 많은 숫자인

약 **425만 명**이 구원 받는다"는 계시를 듣고, 이를 발표해 충격을 주었다.

> ● 동래울산東萊蔚山이 흐느적흐느적 사국四國 강산이
> 콩 뛰듯 한다. … 불火개벽은 일본에서 날 것이요,
> 물水개벽은 서양에서 날 것이니라. (5:405:4, 7:43:1)

결국 지축이 움직이면 일본은 화산 폭발과 대지진[불개벽]의 충격으로 국토의 대부분이 가라앉아 국가 자체가 존폐 위기에 놓이게 된다. 실제로 일본 학자들의 발표에 따르면 일본 열도는 108개의 활화산이 거미줄처럼 서로 연결되어 있어서, 한 개의 화산이 폭발하면 연쇄 폭발을 일으킬 것이라 한다. 동경대 다치바나 교수는 이것을 '라디에이터 효과'라고 이름 붙였는데, 최악의 경우 도미노 현상이 일어나 일본 열도 대부분이 바다 속으로 가라앉게 된다는 것이다.

또한 일본 침몰의 여파로 한반도 동해안과 남해안에도 초대형 쓰나미가 밀려와 큰 피해를 입게 된다. 증산 상제님의 말씀을 전해 주는 증언자들의 이야기를 들어보면, 극이동이 일어날 때 서양의 어떤 나라는 바다 속으로 가라앉아 한 사람도 못 살고 멸망당한다고 한다. 한마디로 세계 지도가 싹 바뀌는 것이다.

육지가 바다 되고 바다가 육지 된다

상제님은 "천하에 지진이 자주 일어나면 일이 다 된 줄 알라"(7:17:7)고 하셨다. 최근 들어 지구촌에 강진이 빈발하고 있다. 2004년 남아시아대지진 때에는 지축이 약간 흔들렸다. 2011년 동일본대지진 때에는 자전축이 10cm 정도 이동했다고 한다. 앞으로 지진이 더욱 심각해지는 절정의 상황에서 지축이 이동할 것이다.

한편, 우리나라 서해 바다 속을 탐사하는 해군 특수부대원들은 이미 수십 년 전에 서해 바닥이 융기하고 있다고 증언한 바 있다.

2008년 5월, 중국 쓰촨성에서는 진도 8.0의 지진이 터졌다. 불과 10여 초 만에 8천 여 학교가 무너져 수만 명의 어린 학생들이 한순간에 죽었다. 도시락을 먹고 나서 신나게 떠들다가, 또는 단어를 암송하다가, 수학 문제를 풀다가 한꺼번에, **'한순간에'** 죽어버린 것이다. 아이를 잃은 부모들이 도로 변에서 공산당 간부를 에워싸고, "내 아

2004년 인도네시아 아체시 참사 현장.

2008년 중국 쓰촨성 대지진 현장.

이를 살려 내라!"고 절규하면서 울부짖는 모습을 보았다. 그들은 자손 대가 끊어지고, 이 세상의 모든 희망을 다 잃어버린 것이다.

미국 사상 최대의 지진 중 하나로 기록되고 있는 1906년 4월 18일의 샌프란시스코 대지진은 규모가 7.8이었다. 당시 시내 주요 건물은 다 파괴되었고 수천 명이 죽었으며 인구 약 70만 중 22만 5천 명 이상의 이재민들이 졸지에 부랑자가 되어 수개월 동안 텐트 생활을 해야 했다.

샌프란시스코 일대에는 그때의 10배인 약 7백만 명이 거주하고 있다. 시 당국은 '만일 8.0의 대지진이 발생하면 이 대도시는 붕괴될 것'이라고 경고하면서, 머지않아 들이닥칠 지진에 대비하여 지진 발생 후 최초 72시간 동

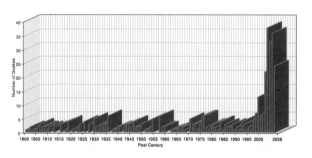

20세기 이후 전 세계 6~8도의 강진 빈도. 21세기에 들어와 세계적으로 강진의 횟수가 기하급수적으로 늘어나고 있다. 우리나라도 90년대에 비해 지진이 두 배로 늘어났다.

안 펼칠 재난 복구 전략을 세워 놓고, 시민들에게 비상식량과 물품을 준비해 놓을 것을 촉구하고 있다. 이렇게 샌프란시스코는 대지진의 시나리오를 갖고 준비 중인데 우리는 과연 얼마나 깨어 있는가?

1999년 9월 대만에서 대지진이 터졌을 때, 영국 BBC 기자와 인터뷰하던 한 중국 여성의 말이 두고두고 생생하게 기억이 난다. "Just five seconds, everything's changed!(**단 5초 만에 모든 것이 변했어요!**)" 그녀의 이 한마디에서 인류가 지금 겪고 있는 **자연의 변화의 손길**에 대해 보다 깊은 생각을 하게 된다. 이것은 바로 오늘의 인류가 앞으로 맞이하게 될 대자연의 격변, 그 운명의 미래에 대한 증언과도 같은 얘기이다. 여기에 무슨 종교가 있고, 선이니 악이니 하는 가치가 있는가? 어린이고 어른이고, 착한 사람이고 악한 사람이고 단 몇 초, 몇 분 만에 무참히 희생되는 일이 벌어지는 것이다.

영화 〈2012〉에서 끝까지 대재앙을 극복하려고 동분서주하던 미국 대통령은 비통함에 젖어 TV와 라디오를 통해 전 세계 정상에게 이렇게 선언한다. "알다시피 세계는 곧 종말을 맞이합니다! The world, as we know it, will soon come to an end!" 바로 이러한 종말적 상황이 우리에게 닥치게 된다.

지축이 이동하면 지구 생물계에도 격변이 일어난다. 2부에서 말한 굴드 교수의 말처럼 수많은 생물 종種이 일시에 자취를 감추었다가, 새로운 지구 환경에 걸맞은 새로운 생물 종種이 출현한다. 인간 역시 예외가 될 수 없다.

이렇듯 머지않아 우리는 **병란**兵亂 · **병란**病亂에 이어 **지축이동**이라는 세 가지 커다란 변혁을 맞게 된다. 이 중에서 가장 무서운 것이 세계 각색 인종을 예외 없이 솎아 내는 질병대란의 심판이다. 병란兵亂은 질병대란이 들어오면서 초반에 마무리되고, 지축 정립도 순간적으로 일어나는 격변이지만, 질병대란은 3년에 걸쳐 지구촌을 휩쓸 것이기 때문이다.

질병대란과의 전면전, 다시 한 번 강조하건대 이것은 준비한 자와 그렇지 않은 자의 생사의 갈림길이 될지도 모른다. 우리는 그 전쟁에 얼마나 철저하게 대비하고 있는 것일까? 인류가 다가오는 대병란을 극복하고 살아남는 길은 과연 무엇일까?

큰 전쟁이 있을 땐 언제나 큰 병이 따라왔다.
1차 세계대전, 2차 세계대전을 넘어 인류의 마지막 전쟁
상씨름과 최후의 질병대란이 함께 온다.
그 중심 무대가 바로 한반도이다.
천지는 지금 바로 그대가 깨어 있기를 소망한다.

세계는 지금 어디로

이제 보라!
천하대세를 세상이 가르치리라

(『도전』 2:33:4)

21세기에 들어선 지구촌에는 〈블레임: 인류멸망 2011〉, 〈2012〉 등 대지진, 해일, 괴질 창궐 등 지구적 재앙을 주제로 다룬 문화상품이 쏟아져 나오고 있다. 특히 오늘의 서양이 다가오는 대재앙을 심각하게 받아들인다는 것을 잘 보여주고 있다.

생존의 길

존 나이스비트John Naisbitt, 패트리셔 애버딘Patricia Aburdene 같은 미래학자들은 "이 시대 최고 메가트랜드는 영성에 대한 탐구이다"라고 주장하며, 인류의 '**미래 산업은 영성 산업**'이고 영성이 발달한 사람이 지도자가 될 것이라 하였다.[※] 앞으로 일상생활 속에서 신성을 경험

※ 패트리셔 애버딘 외 지음, 윤여중 옮김, 『메가트랜드 2010』, 청림출판, 2006.

하고 물질적인 가치보다 영적인 가치가 더 우위에 있는 세상이 온다. 인류는 지금 문명의 총체적인 전환점에 서 있는 것이다.

하지만 현실은 아직도 돈과 명예와 권력을 추구하며 살아가는 사람들로 붐비고 있다. 상제님은 이런 인간의 삶을 "저것들 다 하루살이다, 하루살이!"(6:65:8)라고 하셨다. 불빛을 좇다가 불기둥에 스치기만 하면 녹아서 없어지는 하루살이와 깔따구처럼, 눈앞에 보이는 이곳만을 추구하는 사람들은 가을바람이 불어오면 누구도 예외 없이 인간 낙엽으로 나뒹굴게 된다는 말씀이다.

가을은 모든 생명이 소멸을 하면서 열매를 맺는 계절이다. 이때는 **오직 천지 조화주 하나님의 은혜로 열매를 맺어야** 하는 것이다. 인간으로서 생명의 열매를!

"앞으로 좋은 세상이 오려면 병으로 병을 씻어 내야 한다"(2:139:8)는 상제님의 말씀처럼, 세상은 점점 후천 새 역사를 열기 위한 병란 개벽의 상황으로 조여들어 가고 있다. 오늘의 인간이 이룰 수 있는 궁극의 성공은 두말할 것도 없이 상씨름과 더불어 몰려오는 질병대란을 극복하고 살아남는 것이다.

지금은 생존만이 제1의 과제이다. 과연 사는 길은 무엇인가?

1. 누가 살고 누가 죽는가

알면 살고 모르면 죽는다

'우주의 가을이 오고 있다!'

일찍이 인류 역사에 이 한마디 말을 한 사람이 없었다. 동서의 어떤 성자도 장차 인류에게 닥쳐올 대변혁의 실체가 우주의 가을개벽임을 알지 못했다.

증산 상제님께서는 "소년으로도 지각을 차린 자에게는 '철을 안다' 하고, 노인도 몰지각하면 철부지한 아이와 같다"(2:138:3)고 하셨다. 때를 모르고 사는 인생은, 아무리 학덕이 뛰어난 학자나 재능이 특출한 지구촌의 최고 경영자라 하더라도 한낱 철부지[節不知] 인생이라는 말씀이다.

우주의 여름은 이미 끝나가고 있다. 누구도 그 시간을 되돌릴 수는 없다. 온 인류는 누구도 예외 없이 천지의 가을을 맞이해야 한다. 천지는 지금 가장 급진적인 파괴와 거듭남의 시대를 향해 거침없이 달려가고 있는 것이다.

"천하대세를 아는 자에게는 천하의 살 기운[生氣]이 붙어 있고, 천하대세에 어두운 자에게는 천하의 죽을 기운[死氣]밖에 없느니라"(2:137:3)라는 말씀대로, 상씨름이 넘어가고 3년 대병란이 몰려오고 지축이 정립하는 가을개

벽의 대세에 눈뜨는 자만이 살 길을 찾을 수 있다. 가을개
벽 소식을 알면 살고, 그것을 모르면 죽는 것이다. 가을
계절의 변화, 대세의 흐름에 눈을 떠서 의식이 성성하게
깨어 있어야 하고 행동도 달라져야 한다.

가을의 열매 진리를 만나야 생존한다

그러면 어떻게 해야 천하대세에 눈 뜰 수 있을까? 그 길
은 질병대란에서 인간을 건지기 위해 친히 오신 상제님의
도법을 깨닫는 데 있다.

상제님은 당신님의 도법을 '판 밖의 남모르는 법'이라
하셨다. '이전에도 없고 앞으로도 없는 법[전무지후무지법前
無之後無之法]'이라고도 하셨다.

따라서 선천 문화의 '판 안'에 물든 채 고정 관념에 갇
혀 있으면 상제님의 진리를 제대로 알 수가 없다. 선천 세
상에서 공부를 많이 한 지식인, 전문가들은 오히려 그 지
식이 장애가 되어 상제님·태모님의 진리를 받아들이지
못하는 경우가 있다. 여름에는 여름옷을 입어야 하고, 가
을에는 가을옷을 입어야 한다. 의식의 지평을 넓혀서 가
을 세상에 알맞은 깨달음의 눈을 갖지 못하면 결코 가을
개벽을 극복할 수가 없는 것이다. 상제님은 이것이 무엇
보다 중요함을 강조하시며 이렇게 말씀하셨다.

- 선천 관습 고치기가 죽기보다 어려우니라.

  (9:208:5)

- 너희는 낡은 삶을 버리고 새 삶을 도모하라. 묵은
  습성이 하나라도 남아 있으면 그 몸이 따라서 망
  하느니라. (2:41:2~3)

과감히 묵은 생각을 떨쳐내고 판 안에서 판 밖으로 나
와야 한다. 바로 거기에 살 길이 있다. 상제님의 도법은
모든 것이 새롭고 또 새롭다.

원시반본, 뿌리 기운을 받아야 열매 맺는다

증산 상제님의 상생의 도에서 가장 중요한 덕목 가운데
하나가 **원시반본**原始返本이다. 원시반본은 뿌리로, 근본으
로 돌아간다는 뜻이다. 가을은 어떤 생명이든 자기의 뿌
리를 찾아 돌아가는 때이다.
뿌리로 돌아가, 뿌리 기운을
받아야 가을에 열매를 맺어
다음해 봄에 다시 싹을 틔우
고 생명을 이어간다. **'열매
는 뿌리 기운의 결정체'**이다. 만
일 가을철에 뿌리로 돌아가지
않으면 생명의 순환은 거기서 끝이

나고 만다.

그렇다면 인간 생명의 뿌리는 무엇인가? 바로 자기 자신을 낳아 준 조상이다. 따라서 지금은 누구도 자기 부모, 자기 조상을 잘 받들어 **혈통 맥**을 바로 잡아야 한다.

- 지금은 원시반본原始返本하는 시대니 혈통줄을 바르게 하라. 환부역조換父易祖하는 자는 다 죽으리라. (7:17:3~4)
- 너희에게는 선령先靈이 하느님이니라. 너희는 선령을 찾은 연후에 나를 찾으라. … 사람들이 천지만 섬기면 살 줄 알지마는 먼저 저희 선령에게 잘 빌어야 하고, 또 그 선령이 나에게 빌어야 비로소 살게 되느니라. (7:19:1~3)

지금 부모와 조상을 박대하거나 부정하고, 조상의 제사조차 지내지 않는 것은 스스로 자신의 무덤을 파는 것과 다름없다.

안운산 태상종도사님은 "나를 낳아 준 사람이 바로 내 부모, 내 조상이다. 그래서 내 개인에게는 **내 조상이 제1의 하나님**이다"라고 하셨다.

이 말씀과 같이, 상제님을 찾기 이전에 자신의 부모와 조상을 **제1의 하나님**으로 받들어야 한다. 만일 자손이 조상을 우습게 알고 배반하면 조상도 자손을 돌보지 않게 된다.

그리고 세계 각 민족마다 시원 역사의 창시자가 계신다. 그분을 민족의 하나님, 국통의 하나님이라 하는데, 이 민족의 하나님·국통의 하나님이 **제2의 하나님**이다. 우리 한민족에게는 환국의 환인桓仁, 배달국의 환웅桓雄, 조선의 단군檀君, 이 삼성조三聖祖가 국통의 하나님이다.[※]

그리고 나의 뿌리, 민족의 뿌리를 잘 받든 후에는 우주의 통치자 상제님, 절대자 하나님을 모셔야 한다.

왜 상제님을 모셔야 하는가?

인류 문화의 뿌리는 바로 신교神敎 문화이며, 그 신교 문화의 씨를 뿌리신 분이 상제님이시다.(191쪽 천제 문화 참고) 상제님은 이 뿌리로부터 선천 문화의 꽃이 활짝 필 수 있도록 석가, 공자, 예수 성자를 지상에 직접 내려 보내셨다. 그렇게 해서 이들이 우주의 여름철에 줄기 문화인 동서양의 종교를 열었던 것이다.

그런데 원시로 반본하는 우주의 가을철을 맞아 상제님

[※] 상제님은 천상 영계와 지상의 일정한 지역, 특정한 민족만을 수호하고 있는 민족의 수호성신을 지방신地方神이라 하셨다. 여호와는 유대족의 지방신이고, 그리스에는 제우스와 열두 주신, 인도에는 브라흐마, 시바, 비슈누, 중국에는 반고, 일본에는 아마데라스 오미카미[天照大神] 등의 지방신이 있다.

께서 뿌리 문화인 신교와, 줄기 문화인 선천 종교의 기운을 모두 거두어 열매 문화인 인류의 통일 문화를 열어 주시기 위해 친히 강세하셨다. 우주의 가을철에는 뭇 생명이 뿌리로 돌아가야 생존하듯이, 인류 또한 뿌리 기운을 받아서 열매 진리를 만나야 산다. 그래야 우리 인생과 진리에 대한 모든 의혹이 총체적으로 해결되고 지구촌 인류가 한마음으로 살 수 있게 된다. 그 새로운 통일 문화가 바로 상제님의 진리인 것이다.

따라서 **인간은 진리의 뿌리, 도의 뿌리 되시는 상제님의 진리를 만나 상제님을 모셔야 한다.** 이것이 상제님의 뜻이며, 가을 개벽기 원시반본의 섭리를 따르는 진정한 생명의 길이다.

내가 살아야 조상도 산다

무엇보다 가을 대개벽기에는 조상이 자손의 생사 줄을 쥐고 있다.

- 선령신이 짱짱해야 나를 따르게 되나니 선령신을 잘 모시고 잘 대접하라. 선령신이 약하면 척신隻神을 벗어나지 못하여 도를 닦지 못하느니라. 선령의 음덕蔭德으로 나를 믿게 되느니라. (2:78:1~3)

상제님의 진리를 만나 크게 깨치는 것도 일차적으로 조상의 음덕陰德으로 이뤄진다. 즉 조상들이 대대로 생전에 세상에 공덕을 많이 쌓고, 죽은 후에는 천상에서 오랜 세월 동안 기도를 하며 정성을 들여야 겨우 자손 하나를 살리는 것이다. 그러나 그것만이 전부가 아니다. 조상이 아무리 큰 음덕을 쌓고 하늘에서 도를 열어 주어도 자손이 못나고 정성이 없어 받아들이지 못하면 다 헛일이다. 반면에 조상의 음덕이 적고 척신이 발동하더라도 **자손인 나의 일심만 강력**하면 척신의 방해 기운을 잘 이겨내어 마침내 훌륭한 구도자로 거듭날 수 있다.

조상의 음덕과 자손의 일심! 이것이 조상과 자손이 함께 가을 병란의 좁은 문을 통과할 수 있는 구원의 길이다.

그런데 이번에는 자손이 하나라도 살지 못하면 천상의 조상도 살 수가 없다. 왜 그런 것일까? 안운산 태상종도사님은 조상과 자손의 관계에 대해 이렇게 알기 쉽게 말씀해 주셨다.

> 조상은 자손의 뿌리요 자손은 조상 선령의 숨구멍이다. 저 나무의 이파리와 가지를 죄다 떼 봐라. 그러면 숨구멍이 막혀서 그냥 죽어버린다. 그것과 마찬가지로 자손이 떨어지면 조상들도 다 없어져 버린다. 내가 살아야 내 조상도 살려 주고 또한 자손만대가 잘

살 수 있는 것이다.※

　가을 개벽기에 내가 구원 받으면 수천, 수만 년 동안 대대로 살아온 나의 조상이 모두 산다. 내가 진리를 못 만나거나 잘못 닦아 추살 병란秋殺丙亂으로 죽으면 나의 조상도 자연적으로 소멸되고 만다. 이것이 가을 대개벽기의 구원과 죽음에 대한 하늘의 준엄한 경고이다. 선천 종교의 구원론은 자기 하나만의 구원으로 끝나지만, 상제님의 구원은 자손과 조상을 함께 건지는 총체적인 구원인 것이다. 그래서 지금 조상 신명들이 자기 자손 하나라도 건지기 위해 자손보다 더 바쁘게 움직이고 있다.

　그러면 증산 상제님께서 대병란 개벽에서 인류를 건지기 위해 마련해 주신 법방은 무엇일까?

2 인류를 구원하는 성스러운 법방, 의통

인류를 위한 상제님의 큰 사랑

　무신(1908)년에 하루는 상제님께서 맑은 도랑물 속 송사리들이 먹이를 먹으려고 사방에서 모여드는 것을 쳐다보

※ 안운산 지음, 『천지의 도 춘생추살』, 상생출판, 2007.

시다가 "천하 창생이 모두 저 송사리 떼와 같이 먹고살려고 껄떡거리다가 허망하게 다 죽을 일을 생각하니 안타깝고 불쌍하다. 허망한 세상! 허망하다, 허망하다! 세상만사 덧없이 넘어간다. 세상만사 헛되고 허망하다!" 하시며 구슬피 읊조리셨다.(7:48:1~9)

상제님께서는 3년 대병겁으로 죽어 넘어가는 인류를 건지시기 위해 신축(1901)년부터 기유(1909)년까지 9년 천지공사를 행하셨다. 상제님은 공사를 보실 때 수십 일씩 굶기도 하시고 때로는 한겨울에 홑옷을 입으시고 추위를 감내하셨다.(5:413:1~3) 그것은 창생의 고통을 대속(代贖)하시어, 박복한 인간의 굶주림과 헐벗음을 없애 주시기 위해서였다.

인류를 위한 상제님의 사랑은 하늘 보좌로 돌아가시기 직전까지 이어졌다. 상제님은 어천하시기 전 "내가 이제 천하의 모든 병을 대속하여 세계 창생으로 하여금 영원한 강녕康寧을 얻게 하리라"(10:28:2) 하시고, 몸소 여러 가지 병을 앓으시며 그 치유책을 내려 주는 공사를 보셨다. 세상의 소병小病들을 물리칠 수 있도록 인류에게 갖가지 치료제와 백신을 개발하게 하신 것이다.

그리고 "세상에 있는 모든 병을 다 대속하였으나, 오직 괴병은 그대로 남겨 두고 너희들에게 **의통**醫統을 전하리라"(10:28:6~7) 하시고, "내가 이 세상 모든 약기운을 **태을주**太乙呪에 붙여 놓았느니라. 약은 곧 태을주니라"(4:147:4)라고 말씀하셨다. 천지 이치로 오는 가을의 서릿발 괴병은 그대로 남겨 두시고 질병대란을 극복하는 유일한 생명의 처방으로, 일상적인 약과는 전혀 다른 판 밖의 치유책인 '의통'을 전해 주신다는 말씀이다. **의통은 하나님이 인류에게 직접 내려 주신 구원의 법방으로, 인류에게 가장 큰 축복이요 은총인 것이다.**

그렇다면 의통은 과연 무엇이기에, 그토록 무서운 괴병을 물리칠 수 있는 것일까?

구원의 법방, 의통을 알아야 산다

의통은 한마디로 상제님 9년 천지공사의 최종 결론이다.

- 이 뒤에는 병겁이 전 세계를 엄습하여 인류를 전멸케 하되 살아날 방법을 얻지 못할 것이라. 그러므로 모든 기사묘법奇事妙法을 다 버리고 오직 비열한 듯한 의통醫統을 알아 두라. 내가 천지공사를 맡아봄으로부터 이 땅의 모든 큰 겁재를 물리쳤으나 오직 병겁만은 그대로 두고 너희들에게 의통을 붙여 주리라. (7:33:4~7)

천지의 여름에서 가을로 들어설 때 병겁에서 죽어가는 사람을 살리는 상제님의 조화권이 바로 의통이다. 의통이란 '병든 사람, 병든 세상을 살려 내서[醫] 한 가족 한마음으로 세계를 통일한다[統]'는 의미를 담고 있다.

이 의통은 **의통 성패**聖牌와 **태을주**로 구성되어 있다. 무형의 의통 기운이 태을주이며, 태을주를 유형화시킨 상제님의 신물神物이 의통 성패이다. 의통은 상제님 태모님을 받드는 일꾼들이 신앙의 은혜로써 개벽기에 전수받는 것이다. 상제님은 반드시 **도장**道場**을 중심으로 의통을 전수받고 의통을 집행하라**고 하셨다.(『도전』 참고) 상제님의 의통 전수 공부! 이것이 가을개벽의 극한 상황에서 선천 상극의 모든 대립과 갈등을 마무리 짓고 후천 세계 통일 문화를 열고 인류 구원의 꿈을 성취하는 믿음의 열매요, 구원의 마지막 비밀 열쇠이다.

만병통치 태을주, 광제창생 태을주

전쟁은 항상 전염병을 수반한다. 동양의학에서는 전쟁 끝에 오는 역병은 언제 어느 방향에서 올지 알 수 없고 또 고칠 방법도 없다고 했다. 그때는 오직 '부수符水' 즉 부적과 청수로만 치료할 수 있다고 하였다. 청수를 올리고 수행하여 신명을 움직여야 천지의 생기를 얻어 역병을 물리칠 수 있다는 의미이다. 유명한 의서인『동의보감』에도 '태을구고천존太乙救苦天尊'을 외우면서 수행하면 시두를 물리칠 수 있다는 내용이 나온다.

그런데 한민족의 근대사에는 약 1천만 구도자들이 증산 상제님께서 전해 주신 태을주의 위력을 실제로 체험한 사건이 있었다.

증산 상제님께서 천지공사를 마치고 하늘 보좌로 돌아가신 지 2년 후인 1911년, 상제님의 종통 계승자인 태모 고 수부님께서 처음으로 도문을 여셨다. 그 후 증산 상제님을 신앙하며 태을주의 조화를 믿는 도꾼들이 전국 방방곡곡에서 구름처럼 모여들었다. 1918년, 전 세계로 퍼져 나가던 스페인독감이 우리나라에 들어왔을 때는, 수많은 사람들이 태을주를 읽어 치유의 큰 은혜를 받았다. 전국 각지에서 14만 명이 죽어 넘어가던 당시 **'태을주를 읽으면 살 수 있다'** 는 소문이 퍼지자 대한의 백성들은 너도나도 태을주를 읽었던 것이다.

태을에서 치유의 은혜가 내려옴을 보여주는 『동의보감』의 시두(천연두) 처방.

'태을구고천존太乙救苦天尊(고통을 구원해주는 태을천의 성신)을 일백 번 외우면 묘하기가 말로 다할 수 없다' 는 구절이 나온다.

독립운동을 주도했던 보천교

독립자금을 지원한 태을교(보천교의 다른 이름)에 대한 〈동아일보〉
기사(1921년 10월 29일자). 상해 임시정부에 보낼 독립자금(십만 원)이
발각, 압수되었다는 내용이다. 당시 쌀 한 가마(80㎏)에 5원이었다.

종교명	종교 일반	기독교	천주교	불교	유교	천도교	보천교(아래는 교의 異名)			기타
							보천교	태을교	훔치교	
항일 기사 건수	6	23	2	18	15	32	83	9	55	28
합계	6	23	2	18	15	32	147			28

〈조선일보 항일기사 색인(1920~1940)〉에 실린 통계. (안후상,
「보천교와 물산장려운동」) 증산 상제님의 도법, 증산도의 초기 교명
이 보천교[차경석 성도(1880~1936)가 세운 교단]였다. 당시 보천교는
상해 임시정부의 주요 비밀 자금원이었다. 1920~30년대에 상제님을
신앙하던 구도자들은 물산장려운동 등 자급자족 운동에도 적극 참여하
였으며 이로 인해 일제의 흑독한 탄압을 받았다.

조선총독부의 공식 통계만 보더라도 불과 몇 년 만에 그 숫자가 600여만 명(총 인구 1,780만)에 달했다고 한다. 암울한 일제 강점기 시절, 우리 한민족은 상제님의 대도 진리에서 생명의 조화를 체험하고 구원의 빛을 발견했던 것이다.(245쪽 특각주 참고)

질병대란에서 나를 살리는 수행

지금 우리가 살고 있는 시간대는 우주 1년에서 하늘과 땅, 인간과 신, 모든 생명계가 우주의 여름철에서 가을철로 들어가는 아주 결정적인 대변혁의 관문이다. 우주 1년을 모르는 동서의 뛰어난 문명 비평가와 과학자들도 '지금은 **제6의 멸종시대**'라고 단언한다. 멸종시대라고 할 만큼 지구촌에는 환경파괴와 환경재난, 쓰나미, 화산폭발, 대지진, 신종 전염병 대유행 같은 재앙이 자주 일어나고 있다. 그렇기 때문에 우리는 이런 오염된 환경과 재난에서 생존하기 위해서라도 수행을 해야 한다.

일제 시대에 약 600여 만 명의 구도자가 스페인 독감을 태을주로 이겨내었다. 지구촌 의학이 최첨단이라고 하지만, 신종 전염병이 발생할 때마다 권유하는 것은, 사람 많은 곳을 피하고 마스크 쓰고 손을 잘 씻으라는 정도이다. 신종 전염병은 치료제가 개발되려면 시간이 걸리기 때문에, 병란 초기에 전염병을 극복하는 것은 결국 자신의 면역력뿐이다.

만병의 근원은 **담**淡과 **음**飮이라고 한다. 담淡은 열, 화기火氣 때문에 생성되는 노폐물 같은 것이고, 음飮은 수기水氣가 제대로 통하지 않아서 생기는 혼탁한 액체다. 세월이 흐르면서 이 누릿누릿한 담과 음이 오장육부를 덮으면 온몸이 노쇠하고 망가지는 것이다. 결국 사람은 목에 담이 차서 숨을 못 쉬어 죽게 된다.

건강하게 오래 살려면 늘 담을 뱉어내야 한다. 담을 자연스럽게 배출하는 방법이 있다. 호흡을 잘하면서 30~40분 정도 수행을 하면 그날 축적된 담이 쏟아져 나오고 한순간에 몸이 맑아져 가벼워지고 깨끗한 계곡 물밑을 보는 것처럼 정신이 맑아진다. 이렇게 **수행은 근본적으로 내 몸을 정화**시킨다.

우주의 본성은 움직임movement이다. 천지를 가득 채운 기氣의 움직임, 그것은 진동vibration이다. 그리고 만물의 본성, 곧 생명의 움직임인 진동은 소리sound로써 드러난다. 최근에 소리로 암세포를 죽이는 치료법이 생활화되기 시작했다. 스페인 바르셀로나에 사는 수Sue라는 여성이 간암 말기 진단을 받았는데, 암덩어리에 소리 에너지를 쏘자 소리의 파동으로 인해 흔들리던 암세포가 결

국 기포처럼 분해돼 파괴되었다고 한다. 파괴된 암 조직
이 있던 곳에서는 새로운 세포가 살아나 간이 소생되었
다. 이것은 과학이고, 소리가 가진 신비한 힘에 대한 증거
이다. 소리가 가진 이런 신비한 힘에서 알 수 있듯이, 태
을주 주문 수행은 우리 몸을 근본적으로 정화하고 치유하
고 각종 괴질 병란에서 나를 살린다.

생명의 약, 태을주를 읽으라

그러면 태을주가 어떻게 병마를 물리치는 약이 되는가?

본래 인간과 만물은 '동일한 하나'에서 비롯되었기 때
문에 서로 참된 소통을 하면 마음으로 하나가 될 수 있다.
인간이 하늘과 땅과 하나가 될 때, 거기서 무궁한 생명의
조화가 일어난다. 그런데 오늘날 선천 상극 시대를 살아
가는 사람들은 대부분 천지 부모와 단절되어 생명의 근본
을 잃어버렸다. 그리하여 천지의 주인이신 상제님께서 친
히 인간으로 오셔서, 온 인류가 생명의 근원인 천지와 하
나 되어[태일] 천지의 생명력을 회복하고 병란 개벽을 극
복할 수 있도록 '태을주 수행 문화'를 열어 주신 것이다.

吽哆
훔 치 　**太乙天　上元君　吽哩哆哪都來　吽哩喊哩娑婆訶**
吽哆　태 을 천　상 원 군　홈 리 치 야 도 래　홈 리 함 리 사 파 하
훔 치

바로 이것이 20세기 초, 일천만 구도자들이 일제의 핍박 속에서도 읽고 또 읽어 숱한 기적을 체험한 태을주이다.

태을주는 **"약은 곧 태을주니라"**(4:147:4) 하신 증산 상제님의 말씀과 같이, 당신의 도법을 받드는 창생에게 전해 주신 생명의 성약聖藥으로, 스물 석 자로 이루어진 신령한 주문呪文이며 조화 성령의 생명수이다.

더욱이 우주의 가을 개벽기에 '수많은 원신과 척신'이 가을바람을 타고 와서 일시에 일으키는 질병대란은 오직 모든 천지신명을 뜻대로 통제할 수 있는 증산 상제님의 우주 대권으로만 다스릴 수 있는 것이다.

영성을 깨우는 소리

상제님의 가르침에 따르면 태을주의 첫 부분인 '훔치 훔치'는 우주 생명의 근원을 찾는 소리이며, 신도神道의 조화 세계와 내 몸을 직접 연계해 주는, 천지 성령을 받아 내리는 신성한 소리이다. 상제님은 '훔치'에 대해 이렇게 밝혀 주셨다.

• '훔치'는 '천지 부모를 부르는 소리'니라. 송아지가 어미를 부르듯이 창생이 한울님을 부르는 소리 요, 낙반사유落盤四乳는 '이 네 젖꼭지를 잘 빨아야 산 다'는 말이니 '천주님을 떠나면 살 수 없다'는 말

이니라. (7:74:1~4)

우리 인간은 태을주를 통해서만, 천지 부모의 성령의 존재를 깨닫고 생명의 근원을 회복할 수 있다. 천지 부모로부터 분리된 인간을 다시 천지 부모와 하나 되게 하는, 태일太一이 되게 하는 주문이 바로 태을주인 것이다.

"훔치훔치 태을천 상원군 훔리치야도래 훔리함리 사파하~."

태을주를 소리 내어 반복하여 읽으면, 그 소리에 내 몸의 세포 하나하나가 즉각 반응을 한다. 마치 주사를 맞으면 온 몸에 약 기운이 퍼지듯이, 태을주 소리에 동조되어 내 몸과 마음과 영성이 깨어나기 시작한다. 그리하여 나의 의식은 물론이요, 무의식의 전 영역까지 성령의 빛과 생명으로 정화되어 천지 부모로부터 받은 본마음을 열게 되고, 사물의 내면 세계를 보고 듣는 눈이 열린다. 이렇게 내 몸 속에 있는 신성이 밝아지고 우주 만물 속에 있는 신성과 교감을 하게 되는 것이다.

꿈결에서도 태을주를 읽으라

그러면 병란 개벽을 맞이한 인류가 태을주를 읽어야만 모든 것을 극복할 수 있는 이유는 무엇일까?

상제님은 **"태을주는 구축병마주**니라. 내가 이 세상의 모든 약 기운을 태을주에 붙여 놓았나니 **만병통치 태을주**

니라"(3:313:7~8)라고 하셨다. 모든 병은 수기水氣와 화기火氣의 균형이 깨어져서 생기는 것이다. 상제님은 **"태을주는 수기**水氣 **저장 주문**이니 병이 범치 못하느니라"(4:147:3)라고 하셨다. 태을주가 몸과 마음과 영혼의 모든 병적 현상을 물리치는 것은, 인간 생명 활동의 근원인 수기를 축적시켜 주기 때문이다. 그리하여 태을주는 우리 몸의 수화의 균형을 이루게 해 준다.

인체에 있어서 수기는 골수, 정수, 뇌수, 정자, 난자를 포함하는 인체의 에센스다. 태을주는 우리 몸에 정을 축장케 함으로써 면역 기능※을 강화시키며 신을 명화明化시켜 천지의 성령을 접하고 신도를 통하게 한다. 천지의 성령과 수기를 받아 내려 일체의 사기邪氣를 정화시키고 인간의 몸을 불멸의 선체仙體로 만들어 준다. 이렇게 해서 개벽기에 나를 살리고 남을 살리는 것이다. "태을주는 '심령心靈과 혼백魂魄을 안정케' 하여 '성령을 접하게 하고' 신도神道를 통하게 하며 천하 창생을 건지는 주문이니라"(11:180:4)라고 하신 말씀이 그것이다.

※ 면역이란 병원균으로부터 몸을 보호하는 방어기전이다. 면역 체계를 총 지휘하는 세포와 항체를 생산하는 세포가 모두 골수에서 생성된다. 따라서 면역을 증강시키기 위해서는 정을 충만하게 하는 것이 가장 중요하다.

오직 태을주만이 천지 부모의 생명력을 온전히 받아 내려, 인간 생명의 3대 요소인 마음과 몸과 영혼을 함께 치유할 수 있다. 추살 병란으로 천하의 모든 의술이 무용지물이 되는 그때, 기운을 내려 주는 구원의 성약聖藥이 바로 상제님이 직접 전수해 주신 '태을주의 조화권'이다.

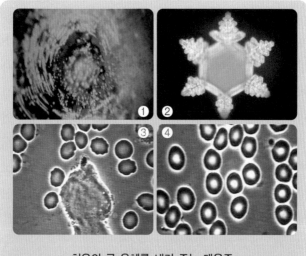

치유의 큰 은혜를 내려 주는 태을주.
① '바보' 소리를 들려 준 물. (『물은 답을 알고 있다』) ② 태을주 주문을 들려준 물은 완전수水 형태인 아름다운 정육각형으로 결정화되었다. ③ 태을주 수행 전의 혈액. 콜레스테롤도 많고 적혈구도 울퉁불퉁하여 혈액이 혼탁하다. ④ 태을주 수행 후의 혈액. 적혈구 모양이 뚜렷해지고 혈액이 맑아졌다.

그래서 증산 상제님은 "오는 잠 적게 자고 태을주를 많이 읽으라. 너희들은 읽고 또 읽어 태을주가 입에서 흘러 넘치도록 하라"(7:75:1, 7:74:9)고 하셨고, 태모님은 "밤이나 낮이나 밥 먹을 때나 일할 때나 항상 태을주가 입에서 뱅뱅 돌아야 하느니라"(11:263:8~8)고 하셨다. 상제님·태모님의 도업을 계승하신 안운산 태상종도사님도 **태을주는 산소와 같다. 몸에서 태을주 냄새가 배어나도록 숨쉬듯 읽으라**"고 거듭 강조하셨다.

조상을 구원하는 주문

태을주의 신적 권능에 대해 독자들에게 전해 주고 싶은 놀라운 소식이 또 있다. 상제님께서 "태을주를 많이 읽으라. 태을주는 선령 해원 주문이니라"라고 하셨다. 태을주를 읽으면 어떻게 나의 조상 선령이 해원을 하게 되는가?

'앞으로 인종 씨를 추리는 대병란의 가을개벽이 온다. 인류가 새 우주가 열리는 후천 세상으로 들어선다. 이때는 태을주를 읽어야 산다'고 하는 가을개벽 소식을 신명들은 들어서 다 알고 있다. 이 때문에 자손이 태을주를 읽으면 천상의 조상들이 "아, 이제 자손들이 열매 맺으니 우리도 소원성취를 했구나!" 하고 기뻐하며 춤을 춘다.

미국 댈러스 도장을 연 웨인 신도가 한국에 나와서 아

침 수행을 하는데, 한참 주문을 읽다 보니까 돌아가신 아버지가 바로 뒤에서 함께 태을주太乙呪를 읽고 계시더라는 이야기를 한 적이 있다. 미 정보부에 근무했던 아버지가 돌아가시기 전에 "앞으로 개벽이 있다. 큰 우주적 변혁이 있으니 높은 데 가서 살아라"고 했다는 것이다. 웨인은 웃으며 "개벽을 알고 있었던 아버지가 상제님의 도를 만나게 해 주셨다"는 말도 하였다.

우리가 청수를 정성껏 모시고 태을주를 잘 받들어 읽으면 자손 줄을 내서 길러 주신 선령의 노고에 보답하는 것이다. 가을 개벽기에 자손 줄을 건져 내어 잘되게 하려는 조상들의 깊은 염원이 태을주를 통해서 모두 이루어지는 것이다.

증산 상제님께서는 인류에게 주문 수행법과 함께 몸을 움직이면서 수행하는 동공動功 수행법도 일러 주셨다.(5:307) 개벽기에 병란으로 인류가 넘어갈 때, 일꾼들이 강인한 의지와 체력을 길러 사람을 살릴 수 있도록, 도공 문화를 열어 놓으신 것이다. 그리하여 지금도 수많은 구도자들이 증산도 도장에서 수행을 하며 다양한 기적을 체험하고 있다. 태을주를 읽어 어떤 사람은 암을 고치기도 하고, 어떤 이는 천상의 조상신과 소통하고 감격의 눈물을 흘리기도 한다.

앞으로 우주의 환절기에 돌입하여 본격적으로 질병대란이 온 세상을 휩쓸 때에는, 천상 신명의 조화 세계가 '열린 마음'을 바탕으로 개방되어 태을주의 조화권이 훨씬 더 강력하고 광범위하게 드러나게 될 것이다.

질병대란에서 살아남는 길은 어디에 있는가?
우주의 조화주 하나님,
상제님께서 친히 인간으로 오셔서 내려주신 법방,
그것이 장차 인류를 건져
이 세계를 한 가족으로 통일하는 의통醫統이다.
의통을 전수받아 태을주 읽는 것,
여기에 대병란을 극복하고
후천 새 인간으로 거듭나는 비밀이 있다.

주문이란 무엇인가

　'주문呪文'은 '바라는 대로 되게 해 달라고 기도하는 글 *이다. 영어로는 주문을 '만트라mantra'라고 한다. 이 말은 산스크리트어에서 유래했는데, 어원으로 보면 '만man'은 '생각하다', '트라tra'는 '보호하다, ~로부터 해방되다'라는 뜻이다. 그러므로 '만트라'란 '내 중심으로 닫혀 있는 생각으로부터 나를 해방시켜, 내가 원하는 대로 천지 부모의 생명과 하나가 되도록 다리를 놓아 주는 마음의 도구'를 의미한다.

　주문은 우주 생명의 근원에서 울려오는 신성한 소리이다. 그러므로 주문을 소리 내어 꾸준히 읽으면, 그 소리에 감응하여 대우주의 생명력이 내 몸과 마음과 영靈 속으로 흘러 들어와, 나 자신이 생명의 근원 자리와 하나가 된다.

　주문은 대우주의 생명력을 담고 있는 근원 소리 primordial sound들의 조합이다. 이 성스러운 소리 중 가장 중요한 것은 '옴om'과 '훔hum'이다. 강력한 치유와 정화의 힘이 들어 있는 음절이 '훔'이다. '훔' 소리의 정화력은 의식, 무의식의 경계를 초월하여 자신도 알지 못하는 마음의 상처까지도 치유한다.

---

* 주문의 원형은 언어 이전에 존재하는 신성한 소리이다. 그런데 넓은 의미로 보면 소원을 성취하기 위해 반복적으로 외우는 글은 모두 주문이라 할 수 있다. 예를 들면 불교의 반야심경이나 천수경, 천주교의 영광송이나 성모송, 기독교의 주기도문 등 정형화된 경문이나 기도문은 모두 주문의 하나라고 볼 수 있다.

태을주의 '훔치'는 어떤 소리인가

'훔吽'은 우주 안에 있는 모든 소리를 머금고 있는 근원 소리이며, 천지 만물을 통일하는 가을 생명의 소리이다. 불교에서는 8만4천 대장경의 법문을 한 글자로 함축한 것이 '훔' 자라고 했다. 곧 "온갖 교의는 모두 이 한 글자에 들어 있다. 일체여래의 불공진여不共眞如의 묘체妙體와 항하사 같은 공덕이 모두 이로 말미암아 생긴다"는 것이다.※ '훔'은 인간이 탄생하는 생명의 본원 자리인 것이다.

따라서 '훔'을 근본으로 하는 태을주는 모든 주문의 뿌리인 '종자 주문bija mantra'이다.

'훔'은 한자로는 '소울음 소리'를 뜻한다. 조선 중기의 기인 남사고南師古가 괴질병이 일어날 때 '소울음 소리를 찾아야 산다'고 전했는데, 여기서 소울음 소리가 곧 태을주를 말하는 것이다.

태을주의 둘째 소리인 '치哆'는 '소울음 치, 입 크게 벌릴 치' 자로, 산스크리트어에서는 '신과 하나 됨'을 뜻한다. 치는 훔의 생명력이 밖으로 분출된 소리로서, 실제로 창조가 현실화되는 '우주 성령의 소리'이다.

> 만사무기萬事無忌 태을주　　만병통치萬病通治 태을주
> 소원성취所願成就 태을주　　포덕천하布德天下 태을주
> 광제창생廣濟蒼生 태을주　　만사여의萬事如意 태을주
> 무궁무궁無窮無窮 태을주　　태을주는 여의주如意珠,
> 여의주는 태을주니라. (7:75:5~6)

※ 홍법원편집부, 『불교학 대사전』, 홍법원, 1998.

太乙呪

태을주는 천지 어머니 젖줄이니
태을주를 읽지 않으면 다 죽으리라. (2:140:9)

훔치 훔치 吽哆 吽哆

太乙天 태을천
上元君 상원군
吽哩哆哪都來 훔리치야도래
吽哩喊哩娑婆訶 훔리함리사파하

태을주 수행법

수중지화신 水中之火神

하늘(天)

신단 神丹

화강 火降

수승 水昇

기단 氣丹

정단 精丹

땅(地)

수행의 원리, 정기신과 수승화강

수행을 하면 우리 몸의 불 기운[火]은 신장으로 내려가고 물 기운[水]은 심장으로 올라가서 물과 불의 순환[수승화강水昇火降]이 가장 이상적으로 이루어진다.

- 복장은 몸을 조이지 않는 편안한 옷을 입는다.
- 무릎을 꿇거나 평좌를 하되 허리를 곧게 편다.
- 눈은 지그시 감거나 반개半開한다.
- 태을주와 내가 '하나'가 되도록 읽는다.

태을주 수행과 도공 체험 사례

장원모(56, 인천주안) | 시간이 조금 지나고 나서 하늘에 성단星團이 보였습니다. 오색영롱하고 찬란한 색이었습니다. 과학잡지 〈사이언스 Science〉지에서 보던 사진과 같았습니다. 태을주를 읽다 보니 그 성단에서 환한 광명이 쏟아져 내렸습니다. 마치 성단이 숨을 쉬듯 태을주를 읽을 때마다 빛이 발사되었습니다. 시간이 지나자 하늘에서 황금빛이 가루처럼 내려오더니 뭉쳐져서 큰 금수저로 변하는 것이었습니다. 그런데 그 금수저 머리 안쪽 부분에 '훔치훔치' 라고 음각되어 있었습니다. 태을주를 읽는 것이 영원한 금수저를 얻는 것이로구나 하는 생각이 들었습니다.

하재명(30세, 청주흥덕도장) | 그날도 열심히 수행을 하는데 마음이 하나로 집중되고 기운이 영롱하게 뭉치는 느낌을 받았습니다. 눈은 감았지만 눈앞이 밝아지고 칠흑 같은 바탕에 가운데 태양처럼 빛나는 이미지를 보았습니다. 황금빛 속에 빛나는 길이 있었고 그 길 끝에는 상제님의 손과 새하얗게 빛나는 영체가 우리 성도님들을 맞이하고 있었습니다.

김인태(52세, 전주덕진도장) | 약 한 시간 정도 머리 위로 강력한 기둥 같은 도공 기운이 내리꽂히는 것을 느꼈습니다. 또 엄지와 검지, 중지에 전기가 흐르는 것처럼 찌릿찌릿 하다가 벌레가 기어가는 것처럼 간지러움이 반복되는 것을 느꼈습니다. 도공이 거의 끝나 갈 즈음 그라인더에 다친 오른손을 자연스럽게 쥐어 보니 힘이 들어가면서 주먹이 쥐어졌습니다. 1년 6개월 만에 힘껏 쥐어진 오른손을 보면서 너무 기뻤습니다.

최경자(57, 정읍연지도장) | 도공 수행 시작과 함께 뜨거운 눈물이 하염없이 흘러내렸습니다. 태을주 도공으로 들어가고 난 후, 제가 앉아 있는 주위를 누군가가 돌고 있는 것을 느낄 수 있었습니다. 문득 조상님들이 오셨다는 생각이 들었습니다. 저를 가운데에 앉혀 놓고, 한참을 강강술래 놀이를 하듯이 도셨습니다. 그러더니 상제님 어진 쪽을 보고 조상님들이 계속 배례를 하셨습니다.

밝아오는 지상낙원

앞 세상은 하늘과 땅이 합덕[天地合德]하는 세상이니라.

이제 천하를 한집안으로 통일하나니

온 인류가 한 가족이 되어 화기和氣가 무르녹고

생명을 살리는 것을 덕으로 삼느니라.

(『도전道典』 2:19:3~5)

"병목이 너희들의 운수목이라"(5:291:8), 이 말씀 그대로, 의통을 전수받고 태을주를 읽어 병란의 목을 잘 넘기고 살아남은 인류의 눈앞에는 놀라운 새 역사의 장이 펼쳐진다. 지금의 첨단 문명을 뛰어넘는 의식주 문화, 지금으로서는 상상조차 하기 어려운 멋진 새 문명이 열린다. 그 세상이 바로 상제님이 약속하신 후천 선경後天仙境이다.

일찍이 유교에서 말한 대동大同 세계, 불교의 용화龍華 세계, 도교의 삼청三淸 세계, 기독교에서 전한 천국이 마침내 이 땅에서 실현되는 것이다. 새 하늘 새 땅에서 자연과 문명과 인간이 온전히 거듭나는 지상 선경 낙원은 어떤 모습일까?

장수 문명이 열린다

후천에는 작은 병도 큰 병도 없다. 역사 이래 지금까지 인류의 생명을 위협하던 크고 작은 질병들이 사라져서, 일찍이 보지 못한 무병·불로장생의 신천지가 열린다.

상제님은 "불로장생으로 무병장수하여 영락을 누리게 하리니 너희들은 환골탈태 되어 지금의 체형이 변화돼 키와 몸집이 커지고 옥골풍채玉骨風采가 되느니라. 후천에는 빠진 이도 살살 긁으면 다시 나느니라. 앞 세상에는 여자에게 경도가 없느니라"(7:4:4~5, 9:183:6, 5:288:6)라고 하셨다. 질병이 없으니 사람이 오래 산다. 태모님은 "상수上壽는 1천2백 살을 살고, 중수中壽도 9백 살은 살고 아무리 일찍 죽는 사람도 7백 살은 산다"(11:299:3)고 하셨다.

원한이 사라진 세상

또한 후천 세상에는 인간에게도 신명에게도 아무런 원한이 없다. 증산 상제님께서 천지공사를 통해 선천에 쌓이고 쌓였던 온갖 원한을 모두 끌러 주셨기 때문이다. 뿐만 아니라 새로운 원한이 빚어지거나 쌓일 걱정도 없다. 신명과 인간 세상 사이에 원활한 소통과 교류가 이루어지고, 서로서로 마음을 훤히 들여다보는 만사지萬事知 문명이 열리면서 남을 미워하거나 원망하는 마음 자체가 생겨나지 않기 때문이다. 그리하여 더 이상 전쟁도 없고 척신도 발동하지 않는다.

병마의 근본 원인인 천지의 상극 질서가 상생으로 바뀌면서 지금까지 인간을 괴롭혀 왔던 내적 · 외적 병마가 모두 소멸된다. 선천의 병든 천지, 묵은 천지에서 한없이 고통 받아야 했던 인간의 몸과 마음과 영혼이 새 하늘과 새 땅의 무궁한 조화로 말끔히 정화되어 거듭난다.

온 인류가 한 가족이 된다

선천은 지축이 동북으로 기울어져 양陽의 기운이 음陰의 기운보다 득세했던 억음존양의 세상이다. 그리하여 땅보다는 하늘이, 어머니보다는 아버지가, 여성보다는 남성이 존대를 받았다.

상제님은 "선천에는 하늘만 높이고 땅은 높이지 않았으니 이는 지덕地德이 큰 것을 모름이라. 이 뒤에는 하늘과 땅을 일체로 받드는 것이 옳으니라"(2:51:2~3) 하시고, 어머니 하나님이신 태모 고 수부님께 진리의 종통宗統을 잇게 하셨다. 여성에게 종통 대권을 전하심으로써 정음정양의 토대를 역사 위에 세워 주신 것이다.

또 "이 뒤로는 예법을 다시 꾸며 여자의 말을 듣지 않고는 함부로 남자의 권리를 행치 못하게 하리라"(4:59:3)라고도 하셨다. 후천에는 음양의 조화와 균형이 온전히 회복되는 것이다.

그리하여 선천 상극의 기운에서 생겨난 온갖 문명의 병적 현상이 모두 해소된다. 하늘과 땅, 남자와 여자, 강자와 약자의 차별과 불평등, 불균형이 사라진다. '상생의 가을 문화'라는 말 그대로 강압적으로 지배하는 사람도 지배당하는 사람도 없어지고, 빈부의 차별이 철폐되어 모든 이가 고루 잘 살게 되는 것이다.

더 이상 국가와 국가, 민족과 민족 간의 분열과 대립도 존재하지 않는다. 상제님은 "앞 세상에는 족속에 따라 나라를 세우리라"(5:332:9)라고 하셨다. 원시반본의 섭리에 따라 지구촌 각 민족, 족속의 고유 문화가 발전하는 가운데, 세계를 하나로 묶는 '세계 통일 정부'가 세워져 인류는 상제님의 도법에 따라 살아가게 된다. 상제님은 "이제 천하를 한 집안으로 통일하나니 온 인류가 한 가족이 되어 화기和氣가 무르녹고 생명을 살리는 것을 덕으로 삼느니라"(2:19:4~5)라고 말씀하셨다.

거듭나는 인간

후천에는 하늘과 땅뿐만 아니라 인간의 마음과 영혼도 개벽된다. 대자연의 질서가 바뀌므로 선천 상극 질서 때문에 분열되었던 인간의 본성이 온전히 회복된다. 상제님 진리 공부와 태을주 수행으로 인류의 영성이 완전히 열린다. 누구나 도통을 하여 무궁한 창조 역량을 발휘하며 새 세상을 이끌어간다.

상제님은 "후천이 되면 비록 차등은 있을지라도 각자 닦은 근기와 공덕에 따라 만백성의 마음을 환히 밝혀 준다"(7:82:2)라고 하셨다. 이런 까닭에 상제님의 도법으로 가을개벽을 넘는 사람은 모두 도통군자로 거듭난다.

이에 대해 안운산 태상종도사님은 "이제 신명과 하나 되어 스스로 아는 문화, 앉아서 만리를 보고 모든 것을 통찰할 수 있는 문화가 나온다"고 하셨다. 이것이 만사지萬事知 문화에 대한 말씀이다. 만사지 문화는 잠들었던 신성神性과 영성靈性이 깨어나 인간이 무한한 창조 역량을 발휘하게 되는 도통 문화다.

한마디로 후천은 '도통道通의 대중화 시대'가 된다. 인간이 도통을 한다는 것은 곧 궁극의 깨달음을 얻는 것이다.

천지의 이치를 깨닫고 신도神道를 보는 눈이 열리면서 대자연과 하나 되는 경지를 의미한다. 이 도통의 경계가 어떤 것인지, 상제님이 수석 성도 김형렬 성도를 통해 보여 주신 내용을 보자.

상제님께서 하루는 형렬에게 도통을 내려 주셨다. 그 즉시 형렬의 눈앞에, 하늘·땅·인간의 삼계가 환히 트이며 과거·현재·미래 삼생三生이 밝게 비치고, 모든 이치가 뚜렷이 드러나며 만상萬象이 펼쳐졌다. 또한 몸을 가지고 서양에도 마음대로 가고 하늘 끝으로 새처럼 날아오르기도 하며, 바람과 구름을 마음대로 일으키고, 다른 모습으로 둔갑하거나 몸을 보이지 않게 하는 등 모든 게 하고자 하는 대로 이루어졌다. 천지와 한 마음이 되고 유불선 삼교三敎를 두루 쓰며, 모르는 것이 없고 못하는 바가 없게 되었다.(7:6:2~5) 이렇게 선천의 인간과는 완전히 격이 다른 인간으로 거듭나는 것이다.

증산 상제님은 "문명개화 삼천국文明開化三千國이요 도술운통 구만리道術運通九萬里라, 가을의 새 문명은 삼천 나라로 열려서 꽃피고, 도술 문명의 대운은 우주 저 끝까지 통하리라"(5:306:6)라고 말씀하셨다. 앞으로 우주적인 차원의 도술 문명이 열리는 것이다.

사시사철 봄 같은 세상

지구의 자전축이 이동하고 지구의 공전궤도가 타원에서 정원으로 바뀌면 지구 어느 곳이나 사철 내내 태양 빛이 같은 각도로 비친다. 언제나 덥지도 춥지도 않은 온화한 봄 날씨가 지속되어 건강한 생활을 돕는다.

- 후천에는 항상 낮에는 해가 뜨고 밤에는 달이 뜨니 편음편양偏陰偏陽이 없느니라. (11:179:4)

태양과 달, 지구의 운행 질서가 이처럼 이상적인 조화를 이루면서 하루의 주기는 물론 한 달과 1년의 주기도 재편된다. 그것을 '정역正易 시대'라 한다. 큰 달, 작은 달 구분이 사라지고 열두 달 모두 30일씩이 된다. 그러면서 선천 동안 '365와 4분의 1일'로 조화를 찾지 못한 1년의 날수가 '360일'로 안정된다. 이 지상에 완전한 시간대 perfect time가 열리는 것이다.

장차 조선이 제일로 좋으니라

새 몸과 마음으로 거듭나 장생과 조화의 삶을 사는 세상은 **인존**人尊이라 불리는 **성숙한 인간, 태일**에 의해 이룩된다. "이제 인존시대를 당하여 사람이 천지대세를 바로잡느니라"(2:22:2)라고 하신 말씀처럼, 인간이 상제님의 조화권을 받아 내려 새로운 세상을 이룩하는 것이다. 그리고 그것은 개벽과 구원의 땅이자 하나님이 강세하신 곳인 이 땅 조선을 중심으로 해서 펼쳐진다.

- 앞으로 우리나라가 도주국道主國이 된다. (5:273:8)
- 내가 이곳 해동조선에 지상천국을 만들리니 지상천국은 천상천하가 따로 없느니라. 장차 조선이 천하의 도주국道主國이 되리라. (7:83:7~8)
- 장차 조선이 제일로 좋으니라. (5:388:6)

모든 것이 조화되고 성숙한 가을 세상, 빈부귀천이 사라지고 각자가 닦은 대로 모두가 복락을 누리는 까닭에 상제님께서는 "후천의 백성살이가 선천의 제왕보다 낫다"(7:87:5)라고 말씀하셨다. 수천, 수만 년 동안 천지와 온 인류가 꿈꿔 온 궁극의 세계인 조화 선경, 전쟁도 고통도 질병도 없고 장생과 조화의 삶을 누리는 지상낙원이 바로 저 앞에서 그대를 기다리고 있는 것이다.

❧

살아남은 자 새로운 세상을 맞이하리라.
질병대란이 끝나고 새롭게 열린 세계,
그 이름은 후천 선경이다.
진정한 성공을 성취한 인류는 상생의 새 하늘 새 땅에서
조상과 함께 무한한 복락을
후천 5만 년 동안 누리리라.

병란 개벽에서 생존하려면

■ 크게 깨어나 참 진리를 만나야

사람은 누구나 하늘과 땅에서 몸을 받아 하늘과 땅의 뜻을 성취하는 구도자로 살도록 이 세상에 태어났다. 그러므로 깨달음을 얻어야 영적인 만족을 하고 영원한 생명을 받아 내릴 수 있다. 지금은 오직 **'가을의 진리'**만이 나를 살리고, 진정한 행복으로 인도한다.

상제님의 존호 '증산甑山'의 '시루 증甑'에는 모든 것을 수용하고 완성시킨다는 뜻이 담겨 있다. 상제님의 도법은 하늘의 신들과 지상 인간의 구도의 갈급증을 완전히 해소시켜 주는 궁극의 진리[無極大道]이다. 상제님은 "도를 닦으려면 체體부터 잡아야 한다"(2:142:1)고 말씀하셨다. 상제님의 진리의 체, **진리의 원본 틀이 바로 '우주 1년 이야기'**이다. 무엇보다 우주가 1년 사시로 순환하는 이치를 제대로 알아야 '왜 인간이 태어나고, 지난 세월 동안 상극의 어둠 속에서 가을 진리를 향해 머나먼 고난의 여정을 걸어 왔는가' 하는 것을 깨칠 수 있다.

지금은 천지에서 인간의 생명을 추수하는 가을 개벽기이다. 이때는 오직 상제님만이 인류를 구원하실 수 있다. 상제님만이 우주 삼계를 다스려 모든 천지신명을 뜻대로 통제하시는 분이기 때문이다. 그리하여 일찍이 석가, 공자, 예수를 비롯한 수많은 성신들은 천상에서 자기들을 지상에 내려 보내셨던, 우주의 통치자이신 상제님께 인류 구원을 간청하였다.

● 하늘에 있는 신선과 부처와 성신聖神들이 나에게
  탄원하여, '세상에 내려가서서 억조창생의 병사
  病死를 건져 주옵소서.' 하고 간곡히 하소연해 오
  므로 내가 이 세상에 내려왔느니라. (7:39:4~5)

그러면 증산 상제님의 도맥道脈은 어떻게 계승되었을까?

상제님은 "나는 천지로 몸을 삼고 일월로 눈을 삼는다" (4:111:15) 하시며 천지의 이법에 따라 무극대도의 종통 맥을 여성인 태모 고 수부님에게 전수하였다. 수부首婦님은 상제님의 반려자이자 대행자로서, 상제님이 어천하신 후 도장문을 열고 상제님의 대도 진리의 첫 씨앗을 인류 역사에 처음 뿌려 주신 온 인류의 큰 어머니[太母]이시다.(『개벽 실제상황』 참고) 상제님은 "사람은 여자가 낳는 법이니라. 후천에는 음陰 도수가 뜬다"(6:51:8~9) 하시며 이렇게 말씀하셨다.

● 수부 도수首婦度數로 천하 만민을 살리는 종통대권宗統大
  權은 나의 수부, 너희들의 어머니에게 맡긴다.
  (11:345:7)

- 사람이 낳기는 제 어미가 낳았어도 맥을 전해 주는 사람이 있어야 산다. 시속에 '맥 떨어지면 죽는다.' 하나니 연원淵源을 잘 바루라. (6:65:1, 6:128:5)

가을철의 인간 열매로 거듭나느냐, 아니면 3년 질병대란에서 영원히 소멸되느냐? 그 첫째 관건이 바로 증산 상제님에게서 태모 고 수부님께로 이어지는 **천지 부모 하나님의 도통 맥**을 제대로 잡는 것이다. 상제님께서는 수부님을 부정하고 진리를 왜곡·조작하는 자는 구원받을 수 없다고 엄중히 경계하셨다.

- 수부의 치마 그늘 밖에 벗어나면 다 죽는다. (6:39:4)

- 나의 도道를 열어 갈 때에 난도자亂道者들이 나타나리니 많이도 죽을 것이니라. 난법난도하는 사람 날 볼 낯이 무엇이며, 남을 속인 그 죄악 '자손까지 멸망' 이라. (6:21:1,3)

이로써 후천 새 질서가 정음정양으로 바로잡히고 남녀동덕의 새 역사가 시작되는 것이다.

■ 상생을 실천하는 구도자로 거듭나야

가을 개벽기의 질병대란을 극복하기 위해서는, 상제님의 도를 받아 **태을주를 숨 쉬듯 읽고** 일심 정성으로 구도의 길을 걸어 **의통 조화권**을 전수 받아야 한다. 그것이 지상의 자손과 천상의 조상이 함께 구원 받고 가을 선경의 조화 낙원으로 들어갈 수 있는 길이다.

하지만 올바른 공부 방법을 모르고 시작하면 난법亂法의 구렁에 빠진다.(9:200:3) '깨우칠 적에는 반드시 스승이 있어야 한다'(6:63:14)는 말씀대로, 가까운 증산도 도장을 방문하여 체계적으로 공부하기를 권한다.

가을의 질서는 **인간과 만물을 살려 내는 상생**이다. 따라서 무엇보다 선천 상극의 묵은 의식, 묵은 관념을 버리고 천지와 하나 되는 상생의 도심道心으로 새로 태어나야 한다. 가을 개벽기에 사람을 **'살리는 일'**보다 더 고귀하고 큰 덕이 없다.

- 장차 십리에 사람 하나 볼 듯 말 듯하게 다 죽일 때에도 씨종자는 있어야 하지 않겠느냐. 천하 창생의 생사가 다만 너희들 손에 매여 있느니라. (8:21:2~3)

- 너희들은 손에 살릴 생生 자를 쥐고 다니니 득의 지추得意之秋가 아니냐. (8:117:1)

무엇보다 질병대란에서 "왜 죽는지도 모르고 넘어가는 인류를 건져 내는 일!"이야말로 인간으로 오신 상제님과 태모님의 도법을 받는 구도자들의 가장 큰 영광이요 축복인 것이다.

에필로그

필자는 사람들이 살아가는 모습을 생생하게 느끼고 싶을 때면, 시장에 가서 길바닥에 앉아 생선 팔고 고사리 파는, 어머니 같은 여인네들의 손을 잡고 이야기를 나누곤 한다. 추운 겨울날에도, 먹고 살기 위해 갈라진 손을 호호 불어가면서 생선 몇 마리, 나물 몇 단이라도 더 팔려고 애쓰는 그 소박한 사람들에게서 삶의 진솔한 모습을 본다. 우리 주변에는 이렇게 고단한 삶을 사느라 자기 자신을 돌볼 여유조차 없는 이들이 얼마나 많은가.

우리 생명은 세상에서 단 하나뿐인 소중한 것이다. 그런데 최근에 들어와 화산 폭발, 대지진. 혹한, 폭염, 폭설, 홍수 등 우리 생명을 위협하는 자연 재난과 질병이 매우 빈번하고 강력해졌다. 지난 70, 80년대부터 쏟아져 나온, 지구 멸망을 주제로 다룬 수많은 영화 속 재앙이 현실이 될지도 모른다는 생각이 들 정도이다.

전문가들은 지금 인류가 역사상 그 어느 때보다도 심각한 총체적 위기 상황에 처해 있음을 경고하면서 지구 환경 파괴로 인한 문명의 붕괴와 인간의 멸종 위기까지 언급하고 있다. 왜 이러한 일들이 일어나는가?

지구촌 인류가 직면한 이 모든 문제는 선악을 가름하는 도덕주의를 넘어서며, 사랑과 봉사, 자비와 헌신으로 해결될 수 있는 것이 아니다. 기존의 종교나 철학, 과학 등 그 어디에서도 해답을 찾을 수 없다. 왜냐하면 그것은 **대자연의 큰 계절이 여름에서 가을로 넘어가는 과정에서 닥쳐오는 거대한 변화의 문제**이기 때문이다.

천지의 큰 계절이 바뀌면서 인류 문화 또한 새롭게 태어난다. "선천은 삼계(하늘·땅·인간)가 닫혀 있는 시대니라"(4:6:1)라고 밝혀 주신 상제님의 말씀처럼, 생장·분열하는 봄여름 상극의 **'닫힌 문화'** 시대에서 성숙·통일하는 가을철 상생의 **'열린 문화'** 시대로 넘어간다. 따라서 이때 하늘이 인간을 향해 절규하는 진정한 메시지는 바로 선천의 묵은 의식에서 벗어나 자연 섭리와 함께 성숙하는 가을의 새 진리를 만나라는 것이다.

사람이 몸담고 살아가는 가장 큰 틀이 하늘땅, 대자연이다. 무엇보다 우리의 생명이 깃들어 있는 이 **'틀'이 어떻게 돌아가는지, '어떤 상황'에 처해 있는지를 알아야** 스스로를 구원할 수 있다. 자신의 신앙이나 깨달음이 아무리 치열하다 해도, 세상에서 어떤 큰 성공을 이루었다 해도, 하늘땅이 요동을 치고 대자연이 격변을 일으키는 데는 손쓸 방법이 전혀 없는 것이다. 예를 들어 백화점에 들어가 있는데 갑자기 지진이 일어나 건물이 무너져 내린다면, 어떻게 재앙을 피할 수 있겠는가.

더욱이 가을철 대변혁 상황을 주도하는 것은 선천 역사를 관통해서 흐르는 '거대한 원한의 힘'이다. 큰 여름철의 '상극의 극점'에 이르면 수천, 수만 년 동안 축적된 원한의 불덩이가 아주 강력하게 폭발한다. 이와 동시에 가을철 서릿발 기운이 들어와 봄여름 내내 하늘땅이 한시도 쉬지 않고 정성과 기운을 다 바쳐 길러 낸 인간의 생명줄을 끊어 버린다. 가을개벽 상황으로 상씨름과 함께 **질병대란**이 일어나는 것이다.

● 장차 병란兵亂과 병란病亂이 동시에 터지느니라.
  난은 병란病亂이 크니라. (5:415:5, 2:139:7)

이 말씀과 같이 정치, 경제, 종교, 인종 갈등이나 환경 재난, 대지진, 화산 폭발, 홍수, 쓰나미 등 앞으로 닥칠 위기 상황 가운데 가장 큰 충격을 주는 것이 바로 대병란이다. 병란에는 가을 추살 바람으로 영원히 소멸되느냐 아니면 가을철 열매 인간으로 살아남느냐 하는, 구원의 문제가 달려 있다. 때문에 **'난은 병란이 크다'** 하신 증산 상제님의 이 한 말씀을 깊이 새겨 늘 병란 소식에 깨어 있어야 한다.

그런데 중요한 것은 이 '3년 대병란'을 거치며 환경 재난, 문화 충돌, 종족들 간의 전쟁 등 선천의 부정적인 문제들이 근원적으로 다 해소된다는 점이다. 혹독한 고난의 과정을 통해서 역사는 마침내 전 세계가 하나 되는 지구촌 통일 문명 시대로 위대한 도약을 하는 것이다. 이것이 인류 문화사에서 병란이 갖는 진정한 의미이다.

증산 상제님은 선천 세상에 쌓인 모든 원한을 씻어 내고 다가올 가을개벽 세계를 준비하는 시간대를 이렇게 밝혀 주셨다.

● 풍류주세백년진風流酒洗百年塵이라. (5:155:8)

곧 **'상제님이 천상으로 올라가신 후 100년이 되면, 온 천하가 개벽을 알게 될 것이다'** 라는 말씀이다.

영화 〈2012〉를 보면 삶과 죽음을 가르는 긴박한 탈출의 시간, 마지막 결정적 시간이 30분이다. 그 30분 안에 그곳을 떠나느냐 못 떠나느냐에 따라 생사가 판가름 난다. 그러하듯이 가을개벽의 실제 상황이 닥쳐와 인류의 생사가 결정되는 시간도 대자연의 법칙으로 정해져 있는 것이다.

상제님이 인간으로 오셔서 신천지 지상 선경 문명을 열어 놓고 어천하신 지 100년이 지나면, 가을개벽의 거대한 충격들이 봇물처럼 터져 나오게 된다. 인류 문명이 궁극으로 번창하여 선경문화 건설을 위한 마지막 단계로 도약함과 동시에, 선천 역사 속에서 쌓여 온 모든 것이 '파탄 도수'로 처참하게 무너져 내릴 것이다.

바야흐로 새 시대가 열리는 역사의 분기점! 인간이 대자연과 하나 되어 천상의 상제님에게서 직접 가르침을 받으며 살던 지고지순한 신교神敎 문화의 도법이, 상제님의 지상 강세로 지구촌의 동방 땅 한민족으로부터 다시 새롭게 시작된다. 신천지 가을 문명의 여명이 밝아오면서 인류는 생사가 엇갈리는 상황 속으로 휩쓸리게 되는 것이다.

2010년 새해 벽두에 아이티에서 대지진이 일어났다. 한순간에 수십만이 죽으면서 고아가 십만 명이나 생겨나고, 굶주린 짐승들처럼 먹을 것을 얻기 위해 살기를 품고 싸우는 군중들, 신음하는 부상자들, 가족을 잃고 울부짖는 사람들, 길바닥에 나뒹구는 시신들과 썩는 냄새, 계속 이어지는 강진의 공포.

그 가운데 가장 잊지 못할 비참한 모습이, 포크레인으로 시신들을 거두어 마치 쓰레기처럼 건물 잔해와 함께 구덩이에 쏟아 넣는 장면이다. 자연 재난으로 희생되는 지구촌 형제들의 너무도 허망한 죽음 앞에 눈물을 흘리지 않을 수 없다.

전 세계인을 울린 이 아이티 참사는, 가을개벽을 맞아 지구촌 인류 모두가 겪게 될 내일의 모습이리라. 바로 개벽 상황에서 사람들이 직접 부딪히고 극복해야 하는 과제를, 천지에서 미리 보여 준 것이다. 대자연의 법칙 속에 사는 인간으로서 어찌 이를 외면하고 무관심하게 넘길 수 있겠는가.

필자는 이 책을 집필하면서, 한편으로 파괴적이고 우울한 내용이 독자들에게 비관적으로만 비추어지지 않을까 하는 노파심도 들었다. 하지만 이 우주에는 결코 종말이 없다. 단지 천지의 체질이 바뀌는, **자연과 문명의 총체적인 변혁이 있을 뿐**이다.

지구는 하나요, 지구촌 인류는 한 형제다. 우리 모두가 하나의 운명체로 묶여 있는 것이다. 상제님의 손길로 이 세계의 크고 작은 모든 문제가 조화와 균형을 되찾는 거룩한 순간, 대자연과 인류 문명의 틀이 완전히 새롭게 바뀌는 '**위대한 재탄생의 시간**'이 다가오고 있다. 따라서 오늘을 사는 인간의 진정한 성공, 영원한 삶의 길은 개벽 상황으로 닥치는 변혁의 거센 파도를 잘 극복하는 데 있다.

특히 가을철 생명의 길로 들어서는 것은 우리뿐만이 아니라 천상에서 두 손 모아 기도하는 우리의 모든 조상이 함께 열매 맺는, 가장 영광되고 보람 있는 일이다.

가을의 문턱을 넘어 하늘땅과 함께 새롭게 태어날 것인가, 아니면 영원히 낙엽 되어 사라지고 말 것인가! 모든 것은 오직 그대의 결단과 선택에 달려 있다.

천상의 기도

지금 이 순간에도
그대 위해 천상에서 기도하는
조상의 절규가 땅위에 메아리친다.

"깨어나라. 깨어나라, 나의 자손들아!
선천의 묵은 기운, 관념의 틀을 깨고
속히 일어나
상제님의 대도를 타고
가을 하늘을 향해 힘차게 비상하라!"

머지않아 병든 천지가 새로 태어난다.
그곳은 조상과 자손이 함께
영원한 생명을 구가하는 지상의 조화선경!

이 가을사람으로
열매 맺는 길은
오직 일심 정성뿐이니
속히 깨어나
새 천지의 무대로 나아갈지라.

본서의 주요 술어

ㄱ

가가도장家家道場 | 지구촌의 모든 가정이 상제님을 신앙하고 태을주 수행을 하는 장소(도장)가 된다는 뜻.

가을개벽 | 후천개벽後天開闢. 우주 1년의 변화 중 여름이 끝나고 가을이 열리는 개벽.

간 도수艮度數 | 인류의 꿈과 희망이 동북방 한반도에서 시작되고 열매 맺는다는 뜻.

개벽開闢 | 천개지벽天開地闢의 준말. 하늘과 땅이 새롭게 열려나가는 천지의 음양 운동.

ㄷ

대병大病 | 가을 개벽기에 천지의 섭리로 인류를 심판하는 괴병.

도전道典 | 상제님과 태모님의 가르침과 행적을 담은 대도 경전.

동공動功 | 몸을 움직이면서 하는 수행.

ㅂ

병겁病劫 | 우주 1년의 자연 섭리로 가을 개벽기에 온 인류를 심판하는 최후의 병란.

병란病亂 | 인류의 생존을 위협하는 전염병으로 인한 재난.

병란병란 도수兵亂病亂度數 | 전쟁과 질병이 함께 일어나는 천지의 이치.

ㅅ

상극相克 | 서로 대립한다, 서로 제어한다는 뜻. 선천 우주의 변화 이치.

상생相生 | 서로 잘되게 한다, 서로 살린다는 뜻. 조화와 화합을 이루는 후천 우주의 변화 이치.

상씨름 | 씨름 경기에서 최종 결승전을 일컫는 말. 인류 역사에서 벌어지는 모든 전쟁을 마무리 짓는 최후의 전쟁을 가리킨다.

상제上帝 | 우주를 다스리는 절대자 하나님.

생장염장生長斂藏 | 생겨나고 자라고 열매 맺고 저장한다는 뜻으로, 우주와 만물이 변화하는 근본 법칙.

선령신先靈神 | 조상신.

선천개벽先天開闢 | 우주 1년 중 맨 처음 봄이 열리면서 천지 만물이 생겨나는 변화.

소병小病 | 박테리아나 바이러스 등 병원균이 일으키는 모든 의학적인 병.

수부首婦 | 인간으로 오신 상제님의 아내요, 뭇 여성의 머리라는 뜻. 상제님은 아버지 하나님이시고, 수부님은 어머니 하나님이시다.

시두時痘 | 천연두. 두창, 마마라고도 한다. 바이러스성 전염병으로 피부에 농포가 생기는 것이 특징.

시천주侍天主 | 동학 주문의 한 구절로 천주, 즉 인간으로 오신 상제님을 모신다는 뜻.

ㅇ

우주 1년 | 지구 1년과 대비된 말로 우주가 사계절로 변화하는 한 주기. 129,600년.

억음존양抑陰尊陽 | 음과 양이 부조화를 이룬 상태로 양(강자)을 높이고 음(약자)을 억압하는 것.

오선위기五仙圍碁 | 다섯 신선이 바둑을 둔다는 뜻. 한반도를 중심으로 미·일·중·러가 상호 대치하고 있는 국제정세를 비유하는 말.

원시반본原始返本 | 시원을 살펴서 근본으로 돌아간다는 뜻. 후천개벽의 근본 정신.

음덕陰德 | 남이 모르게 행한 선한 마음과 행동.

음덕蔭德 | 조상이 쌓은 덕.

의통醫統 | 병을 고치고 모든 생명을 살려서 하나로 통일한다는 뜻. 병겁에서 인류를 구원하는 상제님의 치료 법방.

인간 농사 | 지구 1년의 초목 농사에 비유된 말로 우주가 사계절로 순환하면서 인간을 낳고 길러서 성숙한 참인간 열매를 맺는 것.

인존 시대人尊時代 | 인간이 가장 존귀하고 중요한 역할을 하는 때.

일심一心 | 한 마음. 지극한 정성으로 어떤 일도 할 수 있는 마음의 경계.

ㅈ

정공靜功 | 몸을 움직이지 않고 정좌로 앉아서 하는 수행.

정음정양正陰正陽 | 음과 양이 조화를 이룬 가장 이상적인 상태.

증산 상제님 | 인류를 구원하기 위해 1871년에 인간의 몸으로 동방 조선 땅에 강세하신 우주 통치자 하나님.

ㅊ

척隻 | 누군가를 원망하는 감정, 또는 원한 관계.

천자天子 | 우주의 주재자인 상제를 대행하여 인간을 다스리는 통치자.

천자국天子國 | 천자가 다스리는 나라.

천조일손千祖一孫 | 천 명의 조상에서 오직 한 자손만이 구원을 받는다는 의미로서 가을 개벽기에 살아남기 힘들다는 뜻.

천지공사天地公事 | 증산 상제님과 태모 고수부님께서 인류를 구원하기 위해 병든 하늘과 땅을 뜯어고치며 행하신 모든 일.

천지병天地病 | 1. 선천 상극의 이치 때문에 하늘과 땅이 모두 병들었다는 뜻. 2. 가을 개벽기에 인류를 심판하는 괴질병, 대병.

춘생추살春生秋殺 | 봄이 되면 만물을 낳고 가을이면 추수하는 우주의 섭리.

ㅌ

태일太一 | 천지와 하나 된 성숙한 인간.

태을주太乙呪 | 증산 상제님이 내려주신 주문. 평상시에는 태을주 주문 수행으로 심신과 영혼을 건강하게 하고, 가을 개벽기에 병겁 심판에서 자신과 타인을 살린다.

ㅎ

해원解冤 | 원과 한을 푼다는 뜻. 상제님 천지공사의 근본 이념.

화극금火克金 | 오행 상극 관계에서 불이 쇠를 이긴다는 뜻. 가을 개벽기에는 화(여름)와 금(가을)이 서로 극하므로 큰 변란이 생긴다.

화둔 공사火遁公事 | 전쟁의 도구가 되는 모든 무기와 인간의 마음을 병들게 하는 원한의 불씨를 제거하는 공사.

후천개벽後天開闢 | 가을개벽. 우주 가을에 인간과 만물을 성숙시키고 추수하는 천지의 변화.

지구촌에서
상제님 진리를 찾는 분들에게

증산도대학교. 다가오는 가을 대개벽기에 인류를 구원하고 후천 선경을 건설하는 인재를 양육하는 상제님의 대학교. 증산도 방송국 'STB상생방송' 과 '인터넷 도장' 을 통해서 지구촌 어느 곳에서나 증산 상제님의 가을 진리를 공부할 수 있다.

국내외 증산도 도장을 방문하면 언제든지 참 진리를 공부하고 태을주 수도법을 전수 받을 수 있다.

증산도 인터넷 도장www.jsd.or.kr을 통해서도 안운산 태상종도사님과 안경전 종도사님의 대도 말씀을 만날 수 있고, 입도入道 안내를 받을 수 있다.

- 증산도 본부도장 상담전화 1577-1691
- 증산도 인터넷도장 www.jsd.or.kr
- 증산도 방송국 STB상생방송 www.stb.co.kr

선천 종교와 정치·경제·역사 등 동서문화의 전영역을 두루 수용하고
후천 5만년 통일문화의 놀라운 비전을 제시하는

道典

증산도 주요도장 안내 1577-1691 | www.jsd.or.kr

대전 | 세종 | 충남

대전대덕	042-634-1691
대전도안	042-523-1691
대전선화	042-254-5078
대전유성	070-8202-1691
세종	044-863-9125
계룡	042-841-9155
공주신관	041-853-1691
논산	041-732-1691
당진읍내	041-356-1691
보령동대	041-931-1691
부여구아	041-835-0480
서산	041-665-1691
서산대산	041-681-7973
서천	041-952-1691
아산온천	041-533-1691
예산	041-331-1691
천안구성	041-567-1691
태안	041-674-1691
홍성대교	041-631-1691

서울

서울강남	02-515-1691
서울강북	02-929-1691
서울관악	02-848-1690
서울광화문	02-738-1690
서울동대문	02-960-1691
서울목동	02-2697-1690
서울영등포	02-2671-1691
서울은평	02-359-8801
서울잠실	02-403-1691
서울합정	02-335-7207

인천 | 경기

강화	032-932-9125
인천구월	032-438-1691
인천주안	032-429-1691
인천송림	032-773-1691
부천	032-612-1691
고양마두	031-904-1691
구리수택	031-568-1691
김포북변	031-982-1691
동두천중앙	031-867-1691
성남태평	031-758-1691
수원장안	031-247-1691
수원인계	031-212-1691
안산상록수	031-416-1691
안성봉산	031-676-1691
안양만안	031-441-1691
여주	031-885-1691
오산대원	031-376-1691
용인신갈	031-283-1691
의정부	031-878-1691
이천중리	031-636-0425
파주금촌	031-945-1691
평택합정	031-657-1691
포천신읍	031-531-1691

충북

음성	043-872-1691
제천중앙	043-652-1691
증평중동	043-836-1696
청주우암	043-224-1691
청주흥덕	043-262-1691
충주연수	043-851-1691
진천성석	043-537-1691

강원

강릉옥천	033-643-1349
동해천곡	033-535-2691
삼척성내	033-574-1691
속초조양	033-637-1690
영월영흥	033-372-1691
원주우산	033-746-1691
정선봉양	033-562-1692
춘천중앙	033-242-1691

부산 | 경남

부산가야	051-897-1691
부산광안	051-755-1691
부산덕천	051-342-1692
부산동래	051-531-1612
부산온천	051-554-9125
부산중앙	051-244-1691
언양	052-264-6050
울산옥현	052-276-1691
울산자정	052-281-1691
거제장평	055-635-8528
거창중앙	055-945-1691
고성송학	055-674-3582
김해	055-339-1691
김해장유	055-314-1691
남지	055-526-1697
마산	055-256-9125
밀양	055-355-0741
사천벌용	055-833-1725
양산북부	055-382-1690
진주	055-743-1691
진해여좌	055-545-1691
창원명서	055-267-1691
통영	055-649-1691
함양용평	055-962-1691

대구 | 경북

대구대명	053-628-1691
대구두류	053-652-1691
대구복현	053-959-1691
대구수성	053-743-1691
대구시지	053-793-1691
대구강북	053-312-8338
경주노서	054-742-1691
구미원평	054-456-1691
김천평화	054-437-1691
문경모전	054-554-1691
상주무양	054-533-1691
안동대화	054-852-1691
영주	054-636-1691
영천화룡	054-338-1691
포항대신	054-241-1691

광주 | 전남

광주상무	062-373-1691
광주오치	062-264-1691
강진평동	061-433-1690
나주남내	061-333-1691
목포옥암	061-283-1691
순천조례	061-745-1691
여수오림	061-652-1691
완도	061-555-1691
해남성동	061-537-1691

전북

군산조촌	063-446-1691
남원도통	063-625-1691
익산신동	063-854-5605
전주경원	063-285-1691
전주덕진	063-211-1691
정읍연지	063-533-6901

제주도

서귀포동홍	064-733-1691
제주연동	064-721-1691

해외도장

미국
워싱턴	1-703-354-0792
뉴욕	1-347-542-3554
로스엔젤레스	1-323-937-2535
달라스	1-972-241-2399
오클랜드	1-408-709-0045
시카고	1-773-332-6016
아틀란타	1-770-381-7600

독일
베를린	49-305-562-0043

일본
도쿄	81-03-5246-4143
오사카	81-6-6796-8939
고베	81-78-262-1559
아시야	81-797-25-7576

인도네시아
자카르타	62-816-131-2500

필리핀
마닐라	63-2-682-0413